大切
だけど、
誰も教えて
くれない
学級経営
42のこと

大前　暁政

明治図書

はじめに

本書の大きな目的は、学級経営における「俯瞰の目」を養うことです。

そのために、本書では、学級経営で大切にしたい方向性や、学級経営の具体的な進め方を紹介しています。

問題は、「俯瞰の目」を身につけることが、そう簡単ではないということです。

学級経営を俯瞰的に捉えられるようになるためには、学級経営の全体構造を理解する必要があります。

その全体構造を理解するには、教育理論・方法にかかわる多くの知識を体系的に習得することが必要です。つまり、多くの知識を内包した「重要な知識」を知る必要があるのです。


いわゆる大量退職の時代を迎えて久しく、学校現場の知識が若手に継承されなくなったことが問題とされ続けてきました。

特に、学級経営にかかわる知識の継承については、危機的とも言える状況です。

本書は、中でも学級経営の根幹にかかわる「重要な知識」に絞って継承を図っていくものです。

「重要な知識」を体系的に習得していくことで、学級経営における「俯瞰の目」を得ることができるはずです。

さて、「重要な知識」は、偉大な教育者が開発、実践してきた多くの教育理論・方法を濾過して、本当によいものだけを抽出したものです。そして、認知科学や脳科学、心理学、発達心理学、歴史学、哲学など、様々な科学の成果を取り入れながら、現場で実践を通して磨き上げられてきたものになります。

このような「先人の知恵」に、新しい科学の知見を加えながら実践を行い、より現代的な教育理論・方法を生み出すことも、本書の読者である若い先生方の重要な役割です。

「重要な知識」は、次の世代へと継承していかなければいけないのです。

本書が、読者諸兄の学級経営の一助になれば、これに勝る喜びはありません。

※本書で示した研究の成果の一部は、JSPS 科研費 JP 20K03261の助成を受けたものです。

２０２０年12月

大前　暁政

もくじ
Contents

第3章 本当は大切だけど、誰も教えてくれない【環境づくり】6のこと

第4章

本当は大切だけど、誰も教えてくれない［学級経営の筋道］6のこと

第5章

本当は大切だけど、誰も教えてくれない［個別指導と集団指導］6のこと

第6章 本当は大切だけど、誰も教えてくれない［学級経営と授業］6のこと

第7章 本当は大切だけど、誰も教えてくれない「教師のマインドセット」7のこと

第1章

本当は大切だけど、誰も教えてくれない

[学級経営のゴール]5のこと

1 学級経営で目指すべきゴールはたった1つ

≫ 歴史を踏まえて未来を考える

日本の義務教育は、1872年の「学制」が原点になっています。

学制の教育理念や学校制度のモデルを辿ると、プロイセンの教育に行き着きます。国民全体に義務教育を行う学校の仕組みは、19世紀のプロイセンが起源であり、欧米諸国に影響を与えました。そのプロイセン式の教育が、アメリカをはじめとした欧米諸国経由で、日本に伝わってきたのです。

プロイセンの教育をひと言で表現すれば、「従順な労働者をつくるための教育」でした。**「同年齢の大集団を相手に、同じ内容を同じ学び方で同じペースで教師が詰め込む」**その教育スタイルが、150年前の学制から始まり、今に至るのです。

私たち教師が忘れてはいけないことがあります。それは、「従順な労働者をつくる教育」が、１５０年の日本の学校教育の歩みの中で、「国に従順な臣民をつくる教育」や、「命令に従順な兵士をつくる教育」にもなってきたことです。

こうした歴史を意識したうえで、これからの時代にどんな人を育てていくべきなのかを考えてみましょう。

わかりやすい例があります。世界経済フォーラム（ダボス会議２０１６年）の年次レポートで、これからの時代に必要な10のスキルが示されました。上位５つを紹介します。

1　複雑な問題解決力（Complex Problem Solving）
2　クリティカルシンキング（Critical Thinking）
3　創造力（Creativity）
4　マネジメント（People Management）
5　人間関係調整力（Coordinatiog with Others）

もう1つ、OECDの「2030年に向けた学習枠組み」で示された力を見てみます。

---

①新しい価値を創造する力（Creating new value）
②対立やジレンマを調整する力（Reconciling tensions and dilemmas）
③責任ある行動をする力（Taking responsibility）

この「学習枠組み」は、世界全体で様々な変革の波が押し寄せるであろう2030年を生きるために、どのような教育が必要なのかをOECDの加盟国で考えていくものです。

押さえておきたいのは、**どちらも「従順な労働者をつくる教育」とは、対極に位置するものである**ということです。

》学級経営で育てたい「子どもの姿」

では、以上を踏まえて、これからの教育、とりわけ学級経営で育てたい「子どもの姿」とは何でしょうか。

それは、ひと言で言えば、**「自立した人」**です。

道徳性や公共性をもち、自律でき、自分の意思で自由に行動できる人です。

こういった人物は、社会性があり、協働することができます。

困難な未知の問題にも対応しようとします。

新しい価値を創造しようとします。

高い目標に、物怖じせず挑戦できます。

言い換えると、**「だれかに依存するのではなく、自分で適切に行動できる人」**を育てるということです。

目指すべき学級経営のゴール

例えば、次のように学級の子どもに言ってみたとしましょう。

「今日の授業は、みんなで問題を設定します。そして、みんなのやり方で解決します」

「学校祭のイベントをどう進めるか、みんなに任せます。協力してやってごらん」

突然こう言われて、

「よし、先生抜きでもがんばろう。仲間と協力してやれば、何とかなるだろう」

と行動し始めれば、精神的にも、能力的にも「自立」できていることになります。

しかし、多くの場合、そうならないはずです。

「先生、何すればいいの?」

「先生、どうしたらいいの?」

「先生、これでいいですか?」

このように、「先生、先生!」と子どもが押し寄せる状態になってしまうのです。

学校教育とは、「学校も教師も必要ない人」を育てるための営みです。

学級経営も、当然、そうなっていないといけません。

つまり、学級の一人ひとりが自立できるよう、導く必要があるのです。


一人ひとりが自立し、がんばるようになると、

お互いがお互いを高め合う状態

が生まれます。

これが、学級経営で目指すべき最終的な状態、すなわち「ゴール」になります。

自立した個人が集まると、前向きな雰囲気になり、互いに切磋琢磨するようになります。互いの目標を高め合いながら、努力を惜しまず行うようになるのです。
学級経営は、このゴールに到達するために行っているのです。

【参考文献】

・『新装版　世界教育史』梅根悟、新評論、２００２
・『進化は万能である：人類・テクノロジー・宇宙の未来』マット・リドレー（著）、大田直子・鍛原多恵子・柴田裕之・吉田三知世（訳）、早川書房、２０１８
・「The 10 skills you need to thrive in the Fourth Industrial Revolution」The World Economic Forum, 2016
「THE FUTURE OF EDUCATION AND SKILLS Education 2030」OECD, 2018
・「公教育制度における公共性の限界と今後の展望」田中圭治郎、教育学部論集22、pp.117-132、２０１１

2 ゴールまでの「筋道」は集団と授業の2面で、縦横に描く

》「ゴール」の次に意識すべきこと

「学級経営のゴール」が意識できたら、次に意識すべきことは何でしょうか。

それは、**ゴールに至るまでの「筋道」を描くこと**です。

どの道を辿れば、最終的に「お互いがお互いを高め合う状態」をつくることができるのかを知る必要があるのです。

この「筋道」にはいくつかの例があり、様々な人が発表していますが、ここでは例の1つとして、「学級経営ピラミッド」を示します。これは、**「集団面」と「授業面」とを連動させる形で、学級経営の筋道を立体的（縦横）に示したもの**です。

ピラミッドは下が土台となっていて、土台から上に進んでいきます。頂点は、「自治」

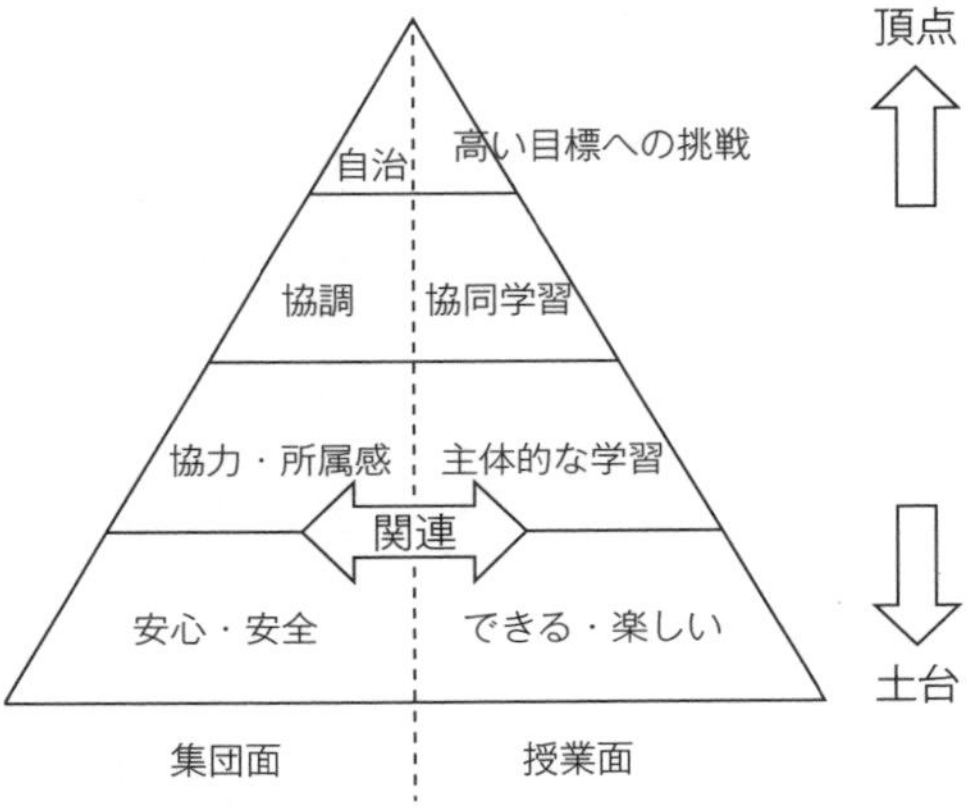

（集団面）と、「高い目標への挑戦」（授業面）になります。

　左側の集団面は、「安心・安全（の確保）」から始まります。続いて、「協力（する気持ち）・所属感」を育てます。さらに、「（大集団での）協調性」を育てます。

　右側の授業面は、「できる・楽しい」の実現から始まります。そして徐々に「主体的な学習」を促していきます。さらに、自ら設定した問題や発展的な課題を、グループで解決する「協同学習」ができるようにしていきます。

　ピラミッドの横のつながりを見ると、それぞれが関連しています。授業で「できる・楽しい」と感じるから、自信が高まり、友だちに優しくできます。すると、「安心・安全」の確保につながります。また、秩序が生まれ「安心・安全」に生活できるからこそ、授業に集中でき、「できる・楽しい」状態になるのです。

このように、集団づくりと授業づくりは連動しています。

土台となる「安心・安全」「できる・楽しい」が実現できなければ、上の段階に進むのは困難です。下の段階ができていない状態で、協調や自治を求めても、子どもたちが対応できないのです。結果、リーダーの子に負担を強いたり、いじめが加速したりといった歪みが見られることになります。

まずは土台から固めていき、**「土台を固めながら上に進む」という意識をもっておくと、子どもにとっても教師にとっても無理なく、学級は成長していける**のです。

〉〉「俯瞰の目」をもつ

ここまでで、学級経営のゴールに至るまでの「筋道」を知ることができました。「筋道」を知ることは、「系統性」を知ったことと同じです。

本書では、様々な実践を紹介しますが、この系統性を意識して、その実践がどの位置の指導なのかを考え、理解していくことが重要です。

例えば、「『指示通りにさせる』という指導は、秩序をつくるために行うので、『安心・安全』段階の指導だ」と理解できます。

他にも、「自己判断させ、選択を促すのは、『自治』に向けた指導だ」「チームで挑戦させるのは、『協同学習』のすばらしさを体験させ、『協働』の姿勢を育てる指導だ」と理解できます。

このように、学級経営の系統性を意識すると、自分自身の学級経営も俯瞰的に見ることができるようになります。

すると、

「今はまだ『安心・安全』が確保できていないから、ルールやマナー、モラルを徹底しよう」

「今はまだ完全に『主体的な学習』は難しいから、教師のリーダーシップで、『できる・楽しい』体験を積み重ねさせよう」

このように、実態に合致した適切な手立てを講じることができるようになるのです。

このような、「俯瞰の目」をもつことで、**より適切なリフレクション（内省、振り返り）も可能になります。**ゴールに近づけたかを確認しながら、目標や手立てを振り返り、また次の手立てを打っていくことができるからです。

3 ゴールに向かう「方法」は3つの視点で考える

ゴールに向かう方法の具体化に必要な視点

「ゴール」と、そこに向かう「筋道」がわかったら、次に考えるべきは**「方法」**です。

学級経営のゴールに向かう「方法の具体化」には、必要な視点があります。

およそどんな仕事でも、「経営者」には、次の3つの視点が求められます。

①大きな方向性の視点
②具体的にどうすればよいのかの視点
③システムとしてどうすればよいのかの視点

まず、「①大きな方向性の視点」については、すでに述べました。

これはゴールと、ゴールまでの筋道（系統性）のことです。

経営者はだれよりも「ゴール」を意識しておく必要があります。

学級経営のゴールは、一人ひとりが自立し、お互いがお互いを高め合う状態を生み出すことです。


続いて、経営者は「具体的な手立て」を考えるための視点をもたなければなりません。

具体的にどうやってゴールに向かっていけばよいのか、その方法が問題となるのです。

これが、「②具体的にどうすればよいのかの視点」になります。


学級経営で目指す「自立」には、２つの側面があります。

１つは、「精神的な自立」であり、もう１つは、「能力的な自立」です。

目標に向かって挑戦する力や問題を解決する力などの能力を養うのは、主に授業です。

授業は毎日あるので、授業を通して「能力的な自立」がだんだんと図られていきます。

一方で、案外見落とされがちなのが「精神的な自立」です。

授業でも授業外でも、あらゆる場で、「精神的な自立」を促していく必要があります。

しかも、「精神的な自立」は、教師に依存しない姿勢を養うだけでは不十分です。

むしろ、よりよい価値観を身につけたり、他者を尊重できるようになったりと、考え方をよりよいものに変えていくことが重要になるのです。

このことは「マインドの使い方」とか、「マインドセット」と呼ばれます。**学級経営では、「考え方をよりよいものに変える」ことが、ゴールに向かう主な手立てとなる**のです。

「考え方をよりよいものに変える」には、具体的な指導法を知る必要があります。

「教育技術」や「教育方法」のレベルまで具体化された方法を知る必要があるのです。

さらに具体化すると、「教育実践」レベルになります。

具体的な指導法や実践を知ったうえで、目の前の子どもに合わせた手立てを考えるのです。

最後に、「③システムとしてどうすればよいのかの視点」です。

システムとは、「仕組み」のことです。

つまり、**継続的に成果の上がる仕組みを構築しましょう、システム化できるものはシステム化していきましょうということ**です。

教師も人間です。学級のすべての動きを把握できるわけではありません。学級に40人いれば、40人それぞれの目標があり、やりたいことがあり、動きが生まれるからです。

しかも学級経営には、「意図的な教育」の部分と、「無意図的な教育」の部分があります。「無意図的な教育」の部分は、子どもたちの自由な動きに任せます。教師の予想を超えた多くの動きが生まれるからこそ、すべての動きを把握するのは困難です。

そこで、見逃さないように、他の子どもからほめられるシステムを組んだり、定期的に活動を報告するシステムを組んだりすればよいのです。**教師が忘れていても、システムがカバーしてくれる**のです。

学級の経営者である教師は、この３つの視点をもって、ゴールに向かう方法を考えていくのです。

4 AIには代替しにくい3つの能力がゴールに至るカギを握る

》AIに代替される仕事

日本の野村総合研究所と英オックスフォード大学の共同研究により、国内601種類の職業について、人工知能やロボット等で代替される確率が計算されました。そして、2030年ごろに、日本の労働人口の49%が人工知能やロボット等で代替可能、との試算が発表されました。

衝撃的に高い数値に、各国やOECDなどの機関が、同様の調査を始めています。その結果、ここまで高い数値でないにせよ、AIに代替される未来は予測されています。

ドイツはマンハイムのZEW研究所（Zentrum für Europäische Wirtschaftsforschung GmbH）に委託調査しました。この調査で特筆すべきは、「職（job）」「仕事（work）」「作業（task）」という3つの概念を導入して、ＡＩに取って替わられる部分を検討したことです。従来は「職」ごとにＡＩの代替可能性を考えていたので、より詳細に分析できるようになったのです。

特に「作業（task）」という概念が重要になります。

「教師」という「職（job）」が行う「学級経営」の「仕事（work）」は、例えば、「テストを採点する」「給食費を集める」「評価基準に照らして成績を入力する」「アンケートを集計する」「学級園を耕す」などの「作業（task）」に分解されるわけです。

ドイツの調査結果では、**将来、「職」そのものがＡＩに代替されるというよりは、その職が行っている様々な「作業」が代替される**と予測されました。

ここで、我々教師が考えなければならない問いがあります。

「仮に『職（job）』や『仕事（work）』が代替されなくても、教師の『作業（task）』はＡＩに代替される可能性があるのではないか」

例えば、「がんばった子をほめる」ということを、「作業（task）」として考えてみます。

ＡＩは、どんなときでも、子どもががんばったことを適切に見取り、適切な表現でほめるはずです。

「その日は機嫌が悪かったからうまくほめられなかった」ということは起こりません。

「ついうっかり子どものがんばりを見取れなかった」ということは起こりません。

「今日は何度もほめたからほめ疲れた」ということも起こりません。

ＡＩは、毎日、毎回、一日に何百回でも（40人が一日に20回何かをがんばったら、８００回）疲れ知らずでほめるのです。

また、子どもが失敗したときも、感情的に叱ることはありません。同じ失敗が起きないよう適切に助言し、適切に励ましてくれるのです。

「ＡＩよりも教師の方が優れている」と思いたいところですが、こうなってくると不安を覚えるのではないでしょうか。

≫ AIには代替しにくい3つの能力

では、「ＡＩよりも教師の方が優れている」と言い切れるのは、いったいどの部分なのでしょうか。

世界の専門家は、ＡＩには代替しにくい能力があると考えています。

その代表が、**「クリエイティビティ」「ホスピタリティ」「マネジメント」**の３つです。

「クリエイティビティ」とは、**新しい仕事を創造し、実行していくこと**です。プロとして必要な知識と技能を身につけ、仕事の心得を身につけ、新しい仕事や価値を生み出すことを意味します。しかも、創造した仕事を実行に移し、反省しながら、さらに新しい価値を加えていく実践的な態度や力も含みます。

「ホスピタリティ」とは、**非言語の対人能力を発揮すること**です。相手の表情や表情の変化から心情を読み取り、共感し、適切な言動を選んでコミュニケーションを取ることを意味します。

「マネジメント」とは、**全体を俯瞰で見ながら、次の一歩を決めること**です。ここには、学級の子どもの心の状態や成長などを見ながら、次の手立てを決めるという「心のマネジメント」も含みます。合理的に正しいことだとしても、人（子ども）は動いてくれるとは限りません。心に響くよう次の手立てを打たないといけないのです。また、多様な個性を生かす手立てを考えることができなくてはなりません。例えば、学級会で考えてみると、教師主導で整理すれば時間内に話し合いは深まるはずです。しかし、子どもの主体性を引き出すため、あえて「見守る」選択をすることもあります。このように臨機応変に、マネジメントを行うのです。

これら3つの能力は、学級経営という仕事において、ＡＩには代替しにくいものです。

3つともが重要で、3つとも欠けてはなりませんが、中でも、「ホスピタリティ」は、子どもとの心の交流といった視点で、実は日本の学級経営では昔から重視されてきました。

学級経営で、子どもの考え方をよりよいものに変え、自立させるためには、心の交流がどうしても必要になります。つまり、**教師と子どもの非言語的な情報の交流（ノンバーバルコミュニケーション）が必要になる**のです。

非言語でも、その人の雰囲気や、表情、感情など、様々な情報が交換できることは、当たり前に認識されるようになりました。

すばらしい学級経営を行ったと言われた東井義雄や斎藤喜博も、心の交流を実践し、それを記録に残しました。

今風に言えば、教師の非認知能力が、子どもの非認知能力に影響を与えた記録です。

例えば、「差別をなくす」という取組で考えてみます。

単にスローガンとして、「差別をなくそう」と言っても、子どもの心には響きません。

しかし、本気で「差別をなくそう」と決意した教師が言うと、どうでしょうか。

教師の本気のまなざし、表情、普段の行動や姿勢を見て、「先生は差別をなくそうと本気で決意している」と、子どもたちは気がつきます。

普段から教師と同じ空間にいるからこそ、より強力に、強烈に、そのメッセージが伝わり、教師の熱意が子どもに伝播するのです。そして徐々に、「差別ってかっこ悪いよね」と子どもたちも差別を憎むようになります。

教師の生き方、考え方、非認知能力が、そのまま鏡のように子どもに伝達されるのです。子どもの考え方をよりよいものに変えるためには、「ホスピタリティ」を教師が発揮できないといけないのです。

【参考文献】

・ニュースリリース「日本の労働人口の49％が人工知能やロボット等で代替可能に」、野村総合研究所、２０１５年12月２日
・「〈産業界の技術動向〉人工知能（ＡＩ）等と『雇用の未来』『人材育成・働き方』」岩本晃一、京都大学電気関係教室技術情報誌『Cue』41巻、京都大学電気関係教室・洛友会、２０１９年３月号、pp.10-20
・『人工知能と経済の未来　２０３０年雇用大崩壊』、井上智洋、文藝春秋、２０１６年
・『能力を磨く　ＡＩ時代に活躍する人材「３つの能力」』、田坂広志、日本実業出版社、２０１９年

5 ゴールに至るヒントの多くが実は古い学級経営実践に隠れている

先人の功績を振り返る

これまでに様々な学級経営の実践が行われてきました。
その中で、すばらしい学級経営をしたと言われる教師たちがいます。
では、いったい何が評価されているのでしょうか。
ここでは、代表的な人物を中心に振り返っていくことにします。

古い実践で言えば、芦田恵之助（1873～1951）がいます。芦田恵之助の実践を表すキーワードとして、「七変化の教式」「随意選題」「綴り方教育」「同志同行」「静坐」「恵雨會」「教壇行脚」があります。芦田は、「七変化の教式」に見られるように、国語科の読み方指導に関して「定型化」を図ろうとし、それを「教壇行脚」（1925年から1951年にかけて、各地の小学校で飛び入り授業を行う活動のこと）によって各地に広めました。「随意選題」は、今で言う自由作文の指導法です。

芦田の実践はいずれも、教師の指導性を排除することなく、子どもの学びの主体性を尊重するものでした。**指導法を重視しながらも、教師が学びを押しつけるのではなく、子どもの自発的な学びを大切にした**のです。芦田は、教師も子どもも、師弟共に自己を向上させるために学び、自己を育てていく姿勢をもたなくてはならないとしました。

さらに、鈴木道太（1907〜1991）の学級経営実践があります。

鈴木は、北方性教育を唱えて生活綴方運動を実践した一人です。東北地方には封建遺制が根強く、経済的な貧困もありました。さらに、言論の自由が抑圧され、戦争に向かっていく時代でもありました。その中で、「ひとりの喜びが　みんなの喜びとなり　ひとりの悲しみが　みんなの悲しみとなる」を掲げて、**「子どもの自立」に向けた地域ぐるみの学級経営実践を進めた**のでした。特に、子どもたち自身が自分で問題を設定して、話し合いによって解決をしていく授業を重視したのは、この時代では特筆すべきことでした。

鈴木と同時代に、村山俊太郎（1905〜1948）がいます。山形県の小学校教員として、学級文化をつくり、学級自治を進める実践を行った一人です。有名な『尋六の学級経営』（『村山俊太郎著作集』第三巻）にその実践と理論を見ることができます。

村山は、学級経営において「学級の共同生活による学習訓練」「学級の共同生活による生活訓練」の二本の柱を設定し、自治を目指したところに新しさがありました。**学級文化を高め自治を進めるために学級自治会を組織した実践を行った**のです。また、教科外指導だけでなく学習面でも自治的な活動を取り入れ、「学習の共同化」も目指していました。

東の斎藤喜博（1911〜1981）、西の東井義雄（1912〜1991）と呼ばれた二人の実践も特筆すべきものです。

斎藤喜博は、教育技術や方法を大切に実践を積み重ね、自らの実績に基づきながら、授業の原理・原則を大系化した「授業の学問（教授学）」を築こうとしました。校長として学校づくりも行い、授業とともに、合唱や劇など、行事・芸術教育も大切にしました。

戦後の活躍とは裏腹に、戦中は非常に苦労した記録も残っています。中でも、『小さい歴史』（『斎藤喜博全集』11）は、軍国主義に反して子どものための教育を進めた一教師

（斎藤喜博）の記録です。戦後の民主主義では、不世出の天才教師と呼ばれた斎藤も、戦中は国賊扱いされ、苦しみながら実践を一つひとつ重ねていました。**時代に左右されることなく、「子どもの可能性を引き出す授業」のために力を尽くした**のです。

東井義雄は、戦前は戦争に反対しながらも、最終的には、国民の戦争協力もやむなしと心を変えます。戦後、この思想の転換を反省し、執筆活動を10年の間自粛します。

自身の実践をもう一度見直しながら教育を行い、戦後の第一作目として出版したのが『村を育てる学力』（１９５７）でした。子どもを第一として教育を進めることこそ重要だとし、「国家の思想」に子どもや村を奉仕させるのではなく、子どもや村の幸せのために優れた思想を奉仕させねばならないと考えました。**教師は子どもの幸せを願い、幸せを築ける力を養うべき**だとしたのです。そして、「村や国土、社会に対する愛」「親たち、教師たち、子どもたちが手をつなぎあって進める教育」「命と命のふれあい」を大切にしながら、実践を重ねました。授業も、子ども同士の教え合いや磨き合いを重視しました。

≫ どこに価値があったのか

さて、歴代の学級経営実践（実践家）は、なぜ「すばらしい」と言えるのでしょうか。

まずは実践家から考えていきます。優れた実践を行った優れた実践家は、例外なく、教師としての専門性を備えていました。「教育技術・方法」を習得し、指導性を発揮しながらも、子どもの主体性を引き出そうとしていました。しかも、子どもと教師との「心の交流」を大切にしていました。

「教育技術・方法」(＝戦術)を習得すると、やがて、教育の筋道(系統性)が見えてきます。そして、自分の実践を俯瞰で見ることができるようになります。これが「戦略」まで身につけた状態です。

戦略が身についた教師は、教育の「目的」「方法」のバランスを考え、次の一手をどう打つべきか考えられるようになります。時には、目的自体を修正することも可能です。

先にあげた先人たちは、時代の流れにただ従うのではなく、どこまでも子どもの自立を願い、子どものために教育を進めていく「強い意志」がありました。つまり、**子どもを第一に考え、目の前の子どもに合わせて、適切な教育を行った**のです。

次に、実践について考えてみます。先にあげた実践を注意深く見ていくと、前項で取り上げた3つの能力「クリエイティビティ」「ホスピタリティ」「マネジメント」が発揮された実践であることがわかります。先人の学級経営は、**AIが登場するはるか昔から、AI**

には代替しにくい教師の力を発揮しながら実践されていたのです。

「クリエイティビティ」を発揮するには、「プロの技術」を身につける必要があります。すばらしい学級経営をしていた先人は、どの人もプロの技術を身につけていました。どんな職業にも、プロの技術があります。このプロの技術は、知識を学び、実践を通して身につけられるものです。この体験の蓄積が必要であるがゆえに、ＡＩには苦手と言われる分野なのです。すばらしい学級経営をしていた先人は、**職業的な高度な技を身につけたうえで、創造力を発揮し、新しい実践を行った**のです。

しかも、「ホスピタリティ」を発揮することができていました。**多くの場合、教師がメンターとなって、子どもの非認知能力を育てていた**のです。

さらに、「マネジメント」の能力を発揮することができていました。つまり、学級経営の筋道を知ったうえで、子どもの実態に合わせて、学級経営を構想できていたのです。

私たち教師が考えないといけないのは、学級経営によって、どうすれば、子どもを効率よく管理でき、集団として動かすことができるか、ではありません。

学級経営をどのように進めることで、子どもたちの主体性を引き出すことができ、自立

に向かわせることができるのか、を問わなくてはならないのです。

学制の制定から150年が経ちます。私たちは、歴代の優れた学級経営を、今日当たり前に実現できていないといけない段階にきているのです。

【参考文献】

・『芦田恵之助国語教育全集』（全25巻）芦田恵之助国語教育全集刊行会編、明治図書出版、1987

・『生活する教室　北方の教師の記録』鈴木道太、東洋書館、1951

・『村山俊太郎著作集』（全3巻）村山俊太郎（著）、日本作文の会・村山俊太郎著作集編集委員会（編）、百合出版、1967〜1968

・『村を育てる学力』東井義雄、明治図書、1957

・『東井義雄著作集』東井義雄、明治図書、1972〜1976

・『斎藤喜博全集』（全30巻）斎藤喜博、国土社、1969〜1984

第2章

本当は大切だけど、誰も教えてくれない

[子どもの変容]6のこと

6
子どもの考え方をよりよいものに変えるカギは、「自己イメージ」

≫ 学級経営の中核となるもの

一人ひとりが自立し、「お互いがお互いを高め合う状態」をゴールとする学級経営で最も大切なのは、**子どもの考え方をよりよいものに変えること**です。

例えば、次のような考え方に変えていくのです。

○自分にはすばらしい力があり、努力をすれば、高い目標も達成できる。
○まわりの人や家族、地域、社会に貢献することには価値がある。
○自分の行動は、自分の責任のもとに自分で決めていくことが大切だ。

別の表現をすれば、**「心（マインド）の使い方を、よりよいものに変える」**ということです。

もちろん、学級経営には他にもやることがあります。

「机や椅子の整備」「掲示物」「集金」「学級園の整備」「トラブル解決」「当番などの仕組みづくり」などです。

しかし、このような仕事は学級経営の中核ではありません。

学級経営の中核は、子どもの考え方をよりよいものに変えることであり、そのための手立てを打つことなのです。

考え方を無理なく変えていくために

では、子どもの考え方をよりよいものに変えるには、まず何をすればよいのでしょうか。

それは、**子どもの自己イメージを高めること**です。

自己イメージとは、「自分に対する印象」のことです。

「自分にはこういう力がある」

「自分はこんな人間だ」

といったように、自分自身の価値を、自分がどのように感じているのかという自己像のことです。

自己イメージが高まると、考え方も変わります。

考え方が変わると、行動が変わります。

行動が変わると、習慣が変わります。

習慣が変わると、やがて自立できるだけの資質が養われます。

つまり、次のような順序になっているのです。

自己イメージ→考え方→行動→習慣→資質

最後は自立できるだけの資質です。

ここで重要なのが、**子どもが自然と変わる**という点です。

自己イメージが高まると、考え方もよりよいものに自然と変わっていくのです。教師が無理矢理変えるわけではありません。

例えば、100点を連続でとるようになれば、「自分は努力すればできる人間だ」と、自己イメージが高まります。すると、志望校を一つも二つも上にしようという考え方に自然と変わります。それは、「自分なら、上の志望校に行くことができるだろうし、その意思があるのだから、当然そうすべきだ」と思えるからです。

考え方が変わると、「行動」「習慣」も変わります。上の志望校に受かるのが当然と思えると、悪い成績をとったとしても、自分の能力のせいだとは考えません。「勉強の量が足りないせいだ」「勉強のやり方が悪いせいだ」と、単なる「行動」「習慣」の問題だと考えるようになります。だから、次も100点をとるために、自然と努力が始まるのです。

自己イメージを高めるのは、言葉でもできますが、**「体験」を通した方が効果的**です。自信をつける体験を重ねることで、自己イメージは高まっていきます。

「子どもといえども、『三つ子の魂百まで』だから、考え方はそうそう変わらない」と思う人がいるかもしれません。

しかし、**自己イメージが高まれば、考え方は容易に変わる**のです。

よく言われることですが、考え方が変わると、人生も変わります。

このように、学級経営で最も力を入れるべきは、子どもの考え方をよりよいものに変えることなのです。

7 子どもの自己イメージを高める手立てには、順序がある

≫ 自己イメージを高めるための手立て

自己イメージを高めるために、4月最初から、手立てを打っていきます。
手立てには、次のような順序があります。

①成功体験の連続的保障
②やればできたという事実の波及
③教師の語り
④自分自身への宣言

まずは、何よりも成功体験が必要です。

多くの場合、自己イメージは過去の体験からできあがっていきます。

過去の出来事や見聞きしたことなどでつくられているのです。

だれかに、

「君は賢いね」

と言われたから、「自分は賢い」と思い込むこともありますし、その反対もあります。

慣れてくると、未来の自己イメージから、現在の自己イメージをつくることもできるようになりますが、この方法ができる子はほとんどいません。自己イメージをつくる方法をだれにも教わらないからです。

そこで、まずは成功体験を重ねる中で、無理なく自己イメージを高いものに変えていけるようにします。

≫ 成功体験の連続的保障

大切なのは、「連続的保障」という点です。

連続して成功するからこそ、

「今年はできそうだ」

「自分はもっとできるのかもしれない」

と思えるわけです。

学級経営として重要なのは、**より多くの子どもに成功体験を重ねさせる**ということです。

そして、一番伸びた子を大々的に紹介します。

一番伸びた子とは、一番そのことが苦手だった子です。

全員の前で称賛し、そして、学級通信などでも大きく紹介します。

まわりの子どもたちは、できなかった友だちができるようになったという事実を、4月以降、間近で何度も目撃することになります。

すると、次のように意識が変わります。

「自分も含め、どんな人でもやればできるのではないか」

次々と成功体験を用意するのは、このことに気づかせるためなのです。

成功体験を用意するには、授業の質が大切になります。

前章で紹介した「学級経営ピラミッド」において、「できる・楽しい」が、授業面で土台（最初に実現すべきこと）になっていたのは、ここに関係してくるのです。

特に、「できる」授業だけは、最低でも実現しなくてはなりません。

去年の復習など、簡単な問題でもよいので、最初に「できた」「わかった」と感じる授業を行う必要があります。

しかも、全員が「できた」「わかった」と思えなくてはなりません。

去年まで算数の授業を脱走していた子、理科が大嫌いだった子、社会だけノートをまったく書かなかった子…、そんな子には特に注意が必要です。

算数が大嫌いで、机に突っ伏し、教室を脱走する子を受けもったとき、私が最初にしたことは、**日付をノートに書いたことをほめること**でした。

日付を書いただけでほめられたその子は、「少しやってみようかな」という気になりました。結局、1時間集中し、たくさんノートを書いてがんばることができました。

放課後になってすぐ保護者から電話がありました。去年まで算数大嫌いだったのに、こんなにノートを書いてびっくりしたというのです。「今年はがんばれますよ」と伝えました。事実、一年間一度も算数をサボることなく、がんばり続けることができました。それは4月最初の授業で、日付でほめられたことから始まったのです。

また、**4月には「暗唱」に挑戦させるのも有効**です。国語で短い詩文を暗唱させるのです。合否判定は厳しく行います。

子どもたちは、教師の合否判定があまりに厳しいので、「全員不合格になる」と恐れます。事実、次々と不合格者が出ますが、教師は「あきらめずに何度でも挑戦しなさい」と言っておきます。子どもたちはあきらめずに何度も挑戦します。やがて一人、また一人と合格者が出てきます。すると、「自分もがんばろう」と、暗唱の練習が始まります。こうして、結局、全員が合格するのです。

全員の合格を、教師は子どもの前で大喜びします。子どもは思います。

「こんなに厳しい暗唱テストで合格できた。やればできるじゃないか」

そして、「うれしい」「やった！」という達成感を得ることができます。つまり、感情とともに記憶に残るのです。**この成功体験によってつくられた「情動を伴う記憶」が、自己イメージを高めていきます。**

》「教師の語り」と「自分自身への宣言」

続いて、「教師の語り」が大切になります。

語りには、具体的なエピソードもつけ加えた方が効果的です。例えば、エジソンやアインシュタインなどの偉人の話です。

「エジソンは、学校では劣等生だと思われて、まわりの友だちからもバカにされていました。しかし、『発明の父』として名を残したのです。まわりの評価を真に受けて、自分ができないなんて思うことは、バカバカしいことです」

「未来はだれにもわからない」「自信をもとう」という気持ちになる話をするのです。


最後に、「自分自身への宣言」の場を用意します。

「自分にはこういう価値がある」

「自分にはこんな可能性がある」

「自分はこんな大きな目標だって達成できる」

そういう宣言を自分自身に行うのです。

宣言を行うには、具体的な事実が必要になります。

最初に、これまでの自分の経験で、よかったことだけを思い出させます。

「がんばって何かができるようになったことを思い出して書きましょう」

「友だちやまわりの人にしてもらったことで、うれしかったことを思い出して書きましょう」

「自分で自分をほめてあげたいことを書きましょう」

「まわりに感謝したいことを書きましょう」

「自分の長所を書きましょう」

このように、**自分自身に関して肯定的、建設的なプラスのイメージをもつことができる、過去の出来事を思い出させます。**


人は、ポジティブな経験よりもネガティブな経験の方が記憶に残りやすいものです。成功よりも失敗に注意が向いてしまうのです。だからこそ教師は、がんばりや成功の方に目を向けさせ、それに気づかせないといけないのです。

心理学者のバーバラ・フレドリックソンは、1つのネガティブな経験を乗り越えるために、ポジティブな経験が3つ必要だと発見しました。3対1の割合なのです。そして、ポジティブな経験が増えるほどに、逆境にあっても努力を続け、高い目標でも達成できると主張したのです。

そこで、学級経営でも、

「自分は恵まれている」

「自分にはよいところがある」

「これまで何度も成功している」

といったことに気づかせる時間をあえてとるようにするのです。

これらのことは、普通に生活しているだけではなかなか気づけないことです。**意識するからはじめて見えてくる**のです。

そして、自分が気づいたことを、自分自身に向けて語る時間をとります。難しい言葉で言えば、「内観」です。**自分自身に対して気づいた「自分のよさ」を、自分に語ることで、自己イメージを高める**のです。

そして、言葉で言っていた通りの自分に、本当に近づいていくのです。


【参考文献】
・「Positivity: Groundbreaking Research Reveals How to Embrace the Hidden Strength of Positive Emotions, Overcome Negativity, and Thrive」Barbara Fredrickson（著）, New York: Crown Publishers, 2009

8 荒れている子には、「もう1つの手立て」が必要

荒れている子に必要な手立て

4月最初に、一人ひとりに目標を書かせます。

自己イメージが高ければ、高い目標を書くことができます。

ところが、低い目標しか書けない子もいます。

特に、前年度荒れていた学級では、ほとんどの子が低い目標しか書けません。

なぜなら、これまで目標を達成した経験よりも、普段の生活で失敗して叱責された回数の方が多いためです。つまり、過去の出来事や経験に縛られ、高い目標を描けなくなっているのです。

そこで、自己イメージを高める成功体験が「連続的に」必要となるのです。

ただし、荒れている子に対しては、もう1つの手立てが必要になります。

荒れている子は、「無力感」や「マイナス思考」をもっていることが少なくありません。

「自分はどうしようもない人間だ」

「自分は人の役には立たない人間だ」

などと思っているのです。

そして、「大人や教師の言うこと、友だちの言うことなど聞くものか」と、反抗心が生まれていることがあります。

つまり、**心のコップが下向きになっている**のです。

心のコップが下向きになっていると、教師の声かけや手立てがその子に響かなくなります。

叱られる経験を多く積んでいる子ほど、斜に構える傾向が顕著です。

発達障害を抱える子の中には、叱られる経験を多く積んでしまっている子がいます。小さいころから叱られたり、「早くしなさい」とせかされたりしているわけです。毎日、何回も繰り返し叱責を受けている子もいます。

発達障害を抱え、荒れるようになった子が、私に言ったことがあります。

「学校でも家でも、怒られた記憶しかない」
「学校は地獄だ」

このように、人はだれかに（自分も含む）かけられた言葉で心（考え方）がつくられます。ですから、荒れている子どもに対しては、**心のコップを上向きにするという、もう1つの手立てが必要**です。

斜に構えた状態を何とかしないといけないのです。

心のコップを上向きにするためには

心のコップを上向きにするには、**「自分はだれかの役に立っている」と感じられる経験を用意するのが効果的**です。

まわりや相手が喜んでくれてうれしいという経験を積み重ねられるようにするのです。

人は、自分のがんばりでまわりが喜んでくれると、その喜びを自分の喜びにできるものです。

例えば、学級のみんなが自分の行動に感謝していることを知れば、

「クラスに貢献できてうれしい」

「自分はまわりに必要とされている」
「人の役に立てるようにがんばろう」
といった気持ちが生まれてきます。

これまで大人や教師、友だちを信用せず、「どうせ自分ががんばってもよいことなど起きない」と思っていた心が変わるのです。

人に感謝される体験だけが、その子の心を変えるのです。

4月最初は、教師が意図的に「お願い」をするのが有効です。

例えば、

「荷物が重いので○○さんと○○くん運んでくれませんか。お願いします」

と伝えます。

「お願い」と言われたら、渋々でもやろうとします。そして、やってくれたことを思い切り感謝するようにします。

わざとらしいぐらいでもよいので、「ありがとう、助かったよ！」と感謝します。

ポイントは、「教科書を運ぶの手伝ってくれる？」「傘立てを移動するのを手伝ってくれる？」「校旗をしまうのを手伝ってくれる？」のように、**できるだけ多くの人に関係する**

仕事を頼むようにすることです。

教科書配付は学級の役に立つ仕事ですが、校旗の上げ下げは学校全体の役に立つ仕事です。それを、例えば次のように学年全体の前でほめるのです。

「校旗を収納してくれたのは○○くんと○○さんです。ありがとう！　助かりました。拍手しましょう」

荒れてどうしようもなかった子も、感謝されると笑顔がこぼれます。相手の喜びが自分の喜びになったのです。

荒れてどうしようもなかった子が、ある日を境に、教室の隅のゴミだまりをきれいにする仕事を始めたことがあります。

「何してるの？」

と尋ねると、

「教室の端にゴミがたまっていて、これは普通に掃除しただけではとれないから、自分がとってあげている」

と言うのです。

みんなのために貢献しようと、自分から思えるようになったのです。

教室の隅のゴミをとるのは、だれもやりたがらない仕事です。それを率先してやってくれるようになったのです。

しばらくすると、私が毎日やっていた窓掃除も手伝ってくれるようになりました。

社会をうらみ、学校をうらみ、「みんなわかってくれない」と荒れていた子が、「みんなのために何かしたい」と、行動するようになったのです。

「ありがとう」と1つ言われるたびに、荒れた子の心のトゲがとれていきます。

実は、教育の大切な目的がここにあります。

教育の目的の1つは、本人の力を伸ばして自信をつけることで、多くの教師はこれを意識しています。

しかし、もう1つの目的、人のために行動することの喜びを知り、まわりの人、家族、社会のために行動できる人を育てること、この**「利他の精神」を育てること**も意識しておかないといけないことなのです。

9 未来を描くべきは子どもだけではない

どんな自分でありたいのか

自己イメージが高くなってきたら、次のことを行います。

未来の自分を描かせる。

もちろん、具体的な目標を考えさせるのも大切なことです。

ですが、目標の具体化の前に、まずは、「未来にどんな自分でありたいのか」を描かせることが重要になるのです。

「人としてどうありたいのか」を考えることが、目標を具体化するための原点となるからです。

「一年後の自分はどうありたいのか」

「卒業のときに自分はどうありたいのか」

「大人になった自分はどうありたいのか」

これを突き詰めていくと、次のようになります。

「人生の最後を迎えるときに、自分はどんな自分であったと誇りたいのか」

むろん、ここまで遠くの未来を描かせるのは難しいので、**学級経営では、「一年後の自分はどうありたいのか」を考えさせるようにします。**

一年後の未来でも、鮮明にイメージするのは難しいかもしれません。

しかし、イメージは鮮明でなくてもかまいません。ぼやけていてもよいのです。

子どもたちは考えます。

「友だちと仲良くできている自分でありたい」

「勉強やスポーツができる自分でありたい」

「家族と一緒に楽しく過ごせている自分でありたい」

前の年に問題行動が多かった子、荒れていた子ほど真剣に考えます。

口では、

「一年後のことなんかわかんないよ」

と言うかもしれません。

そんなときは、教師が助言します。

「大まかなイメージでよいのです。一年後に、こういう自分でありたい。それを思い描くのです」

助言は、ものすごく真剣な顔で言います。

すると、

「ふ〜ん。まあ考えてみるか」

と考え始めます。

「日記に書いてきなさい」

と指示することもあります。

去年まで荒れていた子は、次のような日記を書いてきます。

「せめて、友だちから馬鹿にされないような、そんな人間になりたい。仲のいい友だちに囲まれていたい。勉強もできるようになっていたい」

去年まで勉強ができないとまわりから思われていた子も、書いてきます。

「漢字が苦手だし、算数も苦手だ。でも、一年後には、普通にわかるようになりたい」

日記に何を書いてくるかは、4月最初の成功体験の量と、その子の過去の成功体験の量によって決まってきます。

残念ながら、荒れていた子ほど、「せめてこれぐらいはできるようになりたい」といった、現状をそのまま延長した未来しか描けません。

ですから、

「一年後の未来はだれにもわからない。決めるのは自分だ。過去にどんなことがあったとしても、一年後のよいイメージをもとう。『こういう人間になるんだ』と決めたら、必ずその人間に近づけるのだから。無駄なことはないんだ。一年後の自分に向かって歩み続けることが大切なんだ」

このように、教師が真剣に語ります。

少しでもよい未来の姿を描かせるためです。

≫ 教師がすべきこと

さて、日記に一年後にどうありたいのかを書かせることには、2つの意味があります。

1つは、子ども自身が未来の自己像を考え、それを意識するという意味です。

このことは、多くの教師が意識できているはずです。

ところが、もう1つの意味を意識できる教師は少ないのです。

それは、**教師自身が、一年後の自己像と学級像、子ども像をイメージすること**です。

教師自身も、一年後にどうありたいのかを描かないといけないのです。

子どもががんばると宣言しているのです。

教師自身の一年後の「学級像」や「子ども像」が低くてよいわけがありません。

子どもが描いた未来の姿を実現させ、さらなる高みへ到達させることを考えなくてはなりません。

教師は知らず知らずのうちに、子どもや学級にレッテルを貼っています。

それぞれの教師がもつ思考の偏り、思い込み、認識の歪み（バイアス）で、子どもや学級を判断してしまうのです。

それ自体は仕方ないことなのですが、**無意識のうちに固定化された未来の姿を、意識的に打破しなくてはなりません。**

このように、子どもや学級に対する新しいイメージをもつために、一年後に子どもがどうありたいのかを、教師が深く知らないといけないのです。

そして、教師自身が、一年後の自分や学級、子どもの姿をイメージするのです。

すると、荒れていた学級ほど、教師である自分を成長させないといけないことに気づきます。

教師自身もまた、子どもの努力の量に負けないよう、努力が始まるのです。

子どもが未来のイメージに向かって努力することと、教師が未来のイメージに向かって努力することとが合わさるからこそ、一年後にすばらしい学級ができるのです。

10 目標を設定するときは、2つの視点から考える

≫ 心から達成したい目標を考えさせる

最初に、「一年後の自分はこうありたい」という未来の姿を描かせました。

次にやることは、**具体的な目標を設定させること**です。

「一年後に、心から達成したいと思える目標を決めます」

「今の自分では達成できないと思えるような高い目標の方がよいのです」

「何もかもうまくいったとして、自分ならどんな目標を達成できそうですか?」

ポイントは2つあります。

「心から達成したいと思える目標」と**「高い目標」**という視点です。

目標は他人から強制されるものではありません。あくまで自分が達成したいと思える目

標にするべきです。

勉強のこと、友だち関係のこと、様々な視点で考えさせます。

教師はあくまで大きな「ビジョン(ゴール)」を示すに留めます。

例えば、「学力面」「社会性の面」「生活面」の3つに関して、大きなビジョンを示すのです。

学力面なら「得意分野をより伸ばそう」「苦手をなくそう」「学び方や問題解決能力を身につけよう」などとなります。

社会性の面なら「友だちと力を合わせて何かを成しとげる喜びを知ろう」などとなり、生活面なら「友だちや家族に感謝され健康に過ごせる生活を考えよう」などとなります。

一年後の学級のビジョンを示すことも大切です。

「みんなが自分の力や個性を自由に発揮できる。そんな学級をつくろう」

このように、大きなビジョンは教師が示します。

学級目標も大きなビジョンの1つです。会社でもスポーツチームでも研究団体でも、集団には大きなビジョンが必要です。

集団が共有した大きなビジョンは、自ずと抽象度の高いものとなります。つまり、大まかなゴールなのです。具体的に、個々の子どものゴールを示しているわけではありません。子どもは、大きなビジョンに沿いながらも、それぞれ自分が心から達成したいと思える、オリジナルのゴールを目指していけばよいのです。

一年後の目標から現在の自分を考えさせる

続いて大切なのが、「高い目標」という視点です。

今の自分では達成できないからこそ、特別な努力が求められます。そして、心から達成したいと思えるからこそ、努力を惜しまずできるのです。いえ、努力ではありません。目標を達成するために行動することに没頭し、楽しみにすらなるのです。

例えば、泳げない子なら「１００m以上泳げるようになる」などの目標になります。運動が苦手な子なら、「陸上運動の大会に出場できるぐらい運動能力を伸ばしたい」のような目標になります。

一年後の目標を書かせたら、次のように言います。

「では、一年後その目標を達成しているとして、今の自分はどの程度できていないといけませんか？」

一年後に高い目標を達成しているとして、そこから逆算して、今の自分はどの程度のところに到達していないといけないのかをイメージさせるのです。

１００ｍ泳げるようになりたいなら、今は、「ぶくぶくぱー」のボビングぐらいはできていないといけません。

陸上運動の大会に出るなら、体育で活躍するぐらいにはなっていないといけません。

つまり、**「今達成しておかないといけない目標」**を考えさせるのです。

すると、**「今あるべき自分の姿」**も決まってきます。そういった今あるべき自分の姿を強く強くイメージさせるのです。今の自分ですから、一年後の自分よりも、よりはっきりと目標や姿を描くことができるはずです。

「今あるべき自分の姿」を描かせるために、「半年後の自分」「一学期が終わったころの自分」のように、時期ごとに細分化して考えさせてもかまいません。

「今あるべき自分の姿」をイメージさせ、「必ず達成できるよ」と教師が励ましていきます。すると子どもは、「今あるべき自分」と「未来の自分」とのギャップを感じて、自然と努力を始めるようになるのです。

自分との対話を促す

成功体験の蓄積によって、自己イメージが自然とよい変化を起こすと先に述べました。

実は、「未来のゴールから今の自分をイメージする」ことによっても、自己イメージがよい方へと自然と変わっていきます。

「未来のゴールを達成している自分から言えば、今の自分はこういう自分になっているはずだ」と、強くイメージさせるのです。

「今はこれぐらいできて当たり前なのだ」と思わせるのです。

すると、本当に、そういう自分が今の自分だと思えるようになるのです。

現状は、水泳の「ぶくぶくぱー」もできない状態なのだけど、「すぐにそれぐらいはできないといけないし、できる力が自分にはあるはずだ」と思うようになります。

すると、現状と自己イメージとのギャップが生まれます。このギャップをなくそうとして、子どもは自ら努力を始めるのです。

「今はこれぐらいできて当たり前なのに、できていないのはおかしい」

「必ずできるはずだ。こんな成績は自分らしくない」

このように、自分と対話するようになるのです。

自分との対話を始めることで、自己イメージがよい方へと変わり、努力が始まるのです。

≫ ゴールがあるから「達成の方法」が見えてくる

一年後の自分の姿を決めると、現在達成しておくべき自分の姿が決まります。

現在達成しておくべき自分の姿が決まると、その姿になるための「方法」も見えてきます。

自分がどう行動したらその目標が達成できるのかが見えてくるのです。

未来の陸上運動大会で入賞するとして、今は１００ｍ走を何秒で走っておかないといけないな、高跳びならこれぐらい跳べるようにならないといけないなと考えます。そして、その今の自分になるために、努力の方向性や、やり方が見えてくるのです。

こうして、努力が始まり、自分がイメージした通りの自分に、自然と近づいていくのです。

11 目標達成の決め手は、「メタ認知」

目標達成のための方法を一緒に考えていく

「今達成しておかないといけない目標」が決まり、「今あるべき自分の姿」が決まったら、それに向けて努力が始まります。

現状の自分と、未来の自分とのギャップが生まれ、自然と努力が始まるのです。

このとき、教師も子どもの手助けをします。

子どもの目標を知り、目標を達成するための方法を一緒に考えていくのです。

「目標を達成するために、毎日必ずやることを考えてごらんなさい」

と指示します。

スポーツなら、毎日２km走る。作文なら、毎日日記を書く。漢字の習得なら、毎日３つの漢字を覚えるまで繰り返し練習する、などの方法を考えさせます。大切なのは、**毎日継続的にすべきことを考えさせる**という点です。「毎日これだけはやる」ということを具体化させるのです。

例えば、逆上がりが目標なら、毎日の休み時間に20分練習するよう助言します。逆上がりの補助具も貸し与えます。

そして、「１か月後までにここまでできるようになるためにこの練習をしておこう」と、スモールステップにして具体的な手立てを示します。さらに、逆上がりの練習にもつき合います。やり方を助言し、「きっとできるよ」と励ますのです。

このように、毎日続けることを一緒に考え、指導や助言を続け、励ましながら、目標達成を手伝うのです。

「スモールステップ」と「取り組みやすい方法」を、教師が子どもと一緒に考えるのです。このことは、目標を無理なく達成するうえで極めて重要です。

つまり、「自分なら高い目標でも達成できる」という自己イメージの高まりとともに、「この方法ならできそうだ」という「安心して取り組める見通し」をもたせるのです。

さて、努力を続けていると、効果が現れます。成長している実感も湧いてきます。

しかし、失敗体験を重ねてきた子は、効果が現れても半信半疑になることがあります。

「今回たまたまうまくいっただけなのではないか」

と思ってしまうのです。

だから、教師が努力を認め、**今どの程度まで成長しているのかを具体的に伝える必要があります。**

逆上がりがなかなか習得できない子の場合は、

「補助具を使うと、3回に2回はできるようになったね。すごい進歩だよ」

と、進歩を具体的に伝えます。

漢字がなかなか覚えられない子もいます。その場合は、テストの得点は前と一緒だったけど、おしい間違いがたくさんあったことなどを伝えます。

そして、へんやつくりが正しい場合に部分点を与えます。

「前は12点だったけど、今回は25点。2倍になっているよ。すごく進歩している」

このように、具体的に成長を実感させるようにするのです。

子どもの一年後のゴールを知り、現在の目標を知り、努力の方法を一緒に考え、さらに、フィードバックする(どれだけ成長したかを具体的に教える)のです。

◎ 自立のためには「メタ認知」の習慣が必要

教師の指導はこれで終わりではありません。

自立した子を育てるには、**自分自身で自分の行動を振り返り、軌道修正できる力と態度**を育てなければなりません。

最初は教師のフィードバックでよいのですが、いつまでも教師のフィードバックがなければがんばれないようでは、自立はおぼつきません。

自分自身で自分の行動を振り返り、フィードバックできなくてはなりません。

そこで、学期に何度か、振り返りと軌道修正を行う時間をとります。

難しく言えば「メタ認知する」時間をとるのです。

例えば、一単元が終わったときに、「この単元で友だちの意見をしっかり聞けたか」「自分の意見をしっかりと言えたか」「自分で判断できたか」「自分の学びは深まったか」などを振り返らせます。

学期末には、「毎日やると決めたことを継続できたか」「毎日行う手伝いが継続できたか」「目標にどの程度近づいたか」「生活習慣はどうだったか」「学習は毎日どの程度できたか」「テレビなどを制限できたか」などを振り返らせます。

自分で決めた努力の方法や、生活のルールがあるはずです。それをきちんと達成できたかを、自分で振り返らせるのです。

このとき、小さな日常の行動ができたかどうかも振り返らせます。

「家の手伝いをすると決めたなら、毎日それができたか」

「提出物を期日までに出すと決めたなら、きちんと出せたか」

「掃除を隅々までやると決めたなら、それがきちんとできたのか」

高い目標の達成は、日々の小さな行動の積み重ねの先にあります。小さなことも大切にする姿勢をもたせたいのです。

なお、普段から振り返りの時間をとることも大切です。

どうしても結果が芳しくない子もいます。そのときに、次のように声かけするのです。

「あまり結果がよくなかったみたいですね。不思議だね。○○さんならできるはずなのに。一緒に次からどうしたらいいか考えてみよう」

この言葉かけなら自己イメージを下げることはありません。**不思議な現象を解明しよう（やり方を振り返ろう）と言っているに過ぎないから**です。これで、「自分の能力の問題ではなく、単にやり方や努力の量の問題なのだ」と、メタ認知を促すことができます。

また、**「一年後の自分への手紙」**も、メタ認知を促すのに効果的です。

一年後、どんな自分になっているか、一年後の自分にどんな声をかけてあげたいか、お世話になった人や家族に、どんな感謝の言葉を言うのか、手紙にしたためさせます。

手紙に書くと、一年間自分は何を大切にして生活していくのか、それを自然と意識できるようになります。

さらに、メタ認知を促すため、「自分以外の人が見た自分の評価」も伝えていきます。友だち、学級担任、他の教師、保護者からの評価を伝えるわけです。

保護者には、「最近がんばっていることを認めて、ほめてあげてください」とお願いしておきます。手紙や連絡帳に書いてもらうこともあります。

友だちからの評価も集めます。「最近がんばっているなあと思う友だちのことを、日記

（もしくはカード）に書いてきなさい」と指示します。

私の場合、定期的に日記に書かせるので、一人につき複数から「友だちから見たその子のがんばり」が集まりました。友だちからのほめ言葉を集めておき、学期末にその子に伝えるようにしていたのです。

このような自分以外の人から見た評価を伝えたうえで、自分自身を振り返らせます。これは、自分のよいところに気づかせ、実感させることを意味します。

人は、自分のダメなところを指摘されても、素直に直そうとはなかなか思えません。しかし、よい評価を得たことは、次もまたがんばろうと思えるものです。しかも、付随して、自分のダメなところを謙虚に反省できるのです。

だからこそ、「メタ認知」でダメなところを反省させることはしません。ダメなところに目を向けるのではなく、進歩したところ、前に進んだところに目を向けさせるのです。

荒れていた子は、3歩進んで2歩下がるどころか、4歩下がることもあります。「進歩が本当に訪れるのか」と教師も保護者も本人も不安になるような苦境が必ずあるのです。

しかし、進歩に目を向ければ、自分がよい方向に進んでいることが確認できます。**目標に向かって一歩一歩進んでいるのだと気づかせていけばよい**のです。

第3章

本当は大切だけど、誰も教えてくれない

[環境づくり]6のこと

12

「よい環境」づくりには、2つの方向性がある

》子どもの成長にとってよい環境をつくる

「よい環境づくりができれば、子どもは自然と成長していく」

このことは、マリア・モンテッソーリをはじめ、昔から多くの人が主張しています。

よい環境を用意すると、自然と子どもは前向きになります。

そして、子どもがもともともっている「自分の力でやりたい」「成長したい」「まわりに貢献したい」という思いや行動を、より強く引き出せるのです。

教師が行う意図的な指導の範囲には、自ずと限界があります。**一人ひとりの目標や行動を把握して指導することも、フィードバックも、一人で行うには限界がある**のです。

そこで、「意図的、計画的、組織的な指導」（＝意図的な教育）をしながらも、同時に、

「よい環境づくり」によって、子どもが自分から努力や挑戦を始め、まわりから勇気づけられながら、自然と成長できるようにすること（＝無意図的な教育）が大切になるのです。

では、「よい環境」とはどんな環境でしょうか。

「よい環境」とは、子どものやる気が高まり、そのやる気が持続する環境です。

これをつくるには、2つの方向性があります。

1つめは、**子ども（人）がもともともっている願いを満たす環境をつくること**です。

モチベーションを研究しているダニエル・ピンクは、やる気を持続的に引き出すためには、「自律性」「熟達」「目的」の3つの願いを実現することが重要だと考えました。

「自律性」とは、自分のことは自分で決めたいという願いです。

「熟達」とは、能力を高め、上達したいという願いです。

「目的」とは、自分以外のために貢献したいという願いです。

この3つを満たす環境では、報酬などに関係なく、やる気は高まり、持続するのです。

2つめは、**子どものまわりの環境をやる気が高まるものに変えること**です。

例えば、まわりとの絆を感じ、前向きな雰囲気のある学級では、やる気が出てきます。

また、自分の努力が正しく評価される学級なら、やる気は高まります。

具体的に、２つめの方向性を実現するためには、次の３つの状態をつくらないといけません。

①がんばりが認められ、正しく評価される

大切なのは、**「加点方式」**です。失敗しても減点されません。挑戦したことの価値を認められ、努力を讃えられます。しかも、教師だけでなく、保護者やまわりの友だちからも、がんばりが認められるようにしなければなりません。

②友だちや教師が自分を認めてくれていると感じられる支持的な雰囲気がある

「本人が実感できる」ことがポイントです。自分のよさや努力を認めてくれる実感です。

学級経営ピラミッドの集団面の一番下、土台の位置に、「安心・安全」があります。「安心」と「安全」は違います。「安全」は、いじめや差別をなくすことで達成できます。しかし、いじめや差別がなくなっても、自動的に「安心」の確保にはなりません。「安心」できるには、そこが「アットホームな環境」になっていないといけないのです。

「アットホームな環境」とは、落ち着けるとか、安らぎを感じるとか、ほっとするような環境です。

「安心」は、人が自分を認めてくれている絆を感じることではじめて達成されます。

③保護者、地域、教職員など、まわりが協力して教育をしてくれている

教育は学級担任だけでできるものではありません。他の教職員、保護者、地域との連携が必要になります。それを子どもも感じていることが大切なのです。

特に保護者との連携は極めて大切です。大きな影響を子どもに及ぼしています。

「自分の保護者は、担任を応援している」と思えると、子どものやる気も高まるのです。

「先生の言うことは大切だよ」「よい先生に担任してもらったね」「いい学級だなあ」といった言葉を保護者から聞くたびに、子どものやる気が高まるのです。

【参考文献】

・『モチベーション3・0 持続する「やる気!」をいかに引き出すか』ダニエル・ピンク（著）、大前研一（翻訳）、講談社、2010

13 よい環境を維持するカギは、「システム」がいくつあるか

システム（仕組み）づくりの意味

学級に40人の子どもがいれば、40人それぞれのゴールがあり、それぞれの動きが生まれます。

ですから、すべてを一人の担任がコントロールするのは至難の業です。

そこで、力のある教師は、「システム」づくりを考えます。システムをつくって、継続的に成果が出るようにするのです。

よい環境づくりもまた、システム化できるものです。

教師が動きを把握できなくても、システムがあれば大丈夫です。子どもの動きを見逃したり、やるべきことを忘れていたりしても、システムによって、よい環境が維持されるの

です。

≫ システムがいくつあるかがカギ

例えば、「がんばった人が報われる」システムをつくることを考えてみます。

これにはいろいろな方法があります。

子どものがんばりや成長を、連絡帳に書いて保護者に知らせます。感謝の手紙を保護者に書くこともあります。一日数人でかまいません。**システムとして行うには、「一日に、必ず〇人書く」と決めておくことが大切**です。

他にも、

「一日〇人は学級通信でがんばりを紹介する」

「一日〇人ががんばっていることへの激励を日記に書いて渡す」

といったことでもよいでしょう。

「一週間に一度、目標に向かって努力したことを日記に書かせる」

というのも効果的です。

子どもに振り返りをさせられますし、教師は子どもの目標や努力の方法を知ることができます。しかも、激励もできます。

このように、**定期的に行うことを決め、システムとして作動させる**のです。

他にも、次のような方法があります。

「1か月に一度、がんばっていた友だちのことを日記に書かせ、学級通信で紹介する」

「子どもががんばったことをメモに残しておき、学期が終わる際に子どもに伝える」

他にも、「縁の下の力もちの子にフォーカスする」システムをつくることも大切です。だれが見ているわけでもないのにがんばっている子がいます。**目立たないので見落とされがちですが、こういった子こそ、がんばりを認めなくてはなりません。**

そこで、「この1週間で自分なりにがんばったことを日記で書かせる」ようにします。日記を読めば、子どものがんばりを知ることができます。そして、それをほめることができます。

日記には、がんばった友だちのことを書かせることもあります。目立たないところ、教師の目の行き届かないところでがんばりを見せている子がいることがわかります。

「一日の終わりにほめ合う時間をとる」のも効果的です。

隣の席の子のがんばりや、同じ班の人同士でがんばりをほめ合うのです。

1か月に一度の席替えのタイミングで、お世話になった班の人にお礼を言わせるのもよいでしょう。

「教師と子どもの絆を深める」システムについても考えてみましょう。

「少しでよいので、毎日子どもとかかわる」というのも1つの方法です。

「努力を認めて、励ます」「他の先生がほめていたことを伝える」「要望を聞く」といったことです。

私がいつも意識してきたのは、**その子に自信を与える話をする**ことでした。

自己肯定感が高まるような話をして、自己肯定感が下がる話はしない。そう決めていたのです。

短い時間でもかまいません。

不登校支援の専門家である森田直樹氏は、親からの一日たった3分の声かけ、3つ以上の子どものよさに気づかせるかかわりが、不登校の子の自信を高め、有効な支援になることを提案しています。

他にも、「給食を一緒に食べる」「休み時間に遊ぶ」といった方法で交流することも有効です。

思春期になると、教師と一定の距離を取りたいという子も出てきます。そういった場合は、「日記でかかわる」というのが有効な方法になります。

やんちゃな女子集団の中心で、学級の荒れの原因と思われていた子がいました。

そこで、日記の返事でその子のがんばりを認め、ほめていきました。

毎日です。

表立って教師とかかわりたくはなさそうだったので、無理に話しかけることはしませんでしたが、さりげなく、一日にほんの少しかかわるようにしました。あいさつだけでもするといった具合です。

そして、日記に長い返事を書くのです。

これだけで、よい言動が増えていきました。

教師との絆が生まれ、「いじめや差別はなくすことができるのだ」という考えに共感して行動してくれるようになったのです。

去年まで荒れの中心にいた子とは思えない変わりぶりで、保護者もまわりの子も、その変容に驚きました。

ここであげた以外にも、よい環境づくりのシステムは考えられます。

いずれにしても、**継続的に成果が導かれるシステムが学級にいくつあるかで、よい環境を維持できるか否かが決まってくる**のです。

【参考文献】
・『不登校は1日3分の働きかけで99%解決する』森田直樹、リーブル出版、2011

14 行動レベルで具体化しなければ、価値観は共有されない

》 価値観の共有が学級の風土をつくる

優れたリーダーは、集団と価値観を共有しようとします。スポーツチームでも企業でも、優れた成果を生み出す集団は、必ずよい価値観を共有しています。

大切なのは、**価値観を行動レベルで具体化して示すこと**です。

まずは、**「価値のある行動」を見えるようにすることから始めます。**

学級開きからしばらくして、「価値のある行動とは何か」の授業を行います。

このとき、宿題として、

「友だちの行動でいいなあと思ったことや、気持ちがいいなあと思ったことは何？」

と尋ねておきます。

「困った人に手を差し伸べていていいなと思った」

「掃除を隅々までいつも丁寧にしていていいなあと思った」

こういった価値のある行動がたくさん出されます。

「いいなあと思える行動」「気持ちがいいなあと思える行動」には、どんな共通点があるのかを考えさせます。

すると、「人のために行っている」「一生懸命役割を果たしている」などの共通点が見つかります。

このように、価値観を行動レベルで具体化するのです。

行動レベルで具体化すれば、よい価値観を共有できるようになります。

すると、今後の生活で、友だちのよい行動が「見えてくる」ようになります。

そして、自分自身も、友だちから「いいなあ」「気持ちがいいなあ」と言われる行動をとろうと思えるのです。

≫ 大切にしたい生き方を示す

さらに、日常生活の中で、教師が大切にしてほしい価値観も伝えていきます。

「成功とは、人から感謝される数で決まる。ありがとうと言われる言動をしよう」

「大きなゴールを意識するのと同時に、日々の些細な行動も大切にしよう」

「差別やいじめは人間としてはずかしい行為。助け合えるのが人間らしさ。困っている人に手を差し伸べられる人になろう」

そして、教師が率先垂範で、具体的な行動を示すのです。

例えば、「場を清める」「日々の些細な行動を大切にする」ことを私はよく言います。大きな目標を達成する人は、この2つを大切にしていることが多いからです。

子どもにやってほしいのなら、自分がまずやってみせます。

掃除を丁寧にやり、あいさつや靴をそろえるなどの些細な行動を大切にするのです。

毎日のように窓やトイレを丁寧に掃除し、廊下も寝転べるぐらいに美しく磨きます。

すると、一人、また一人と、同じように行動してくれる子が出てきます。

教師が見ていなくてもがんばるようになるのです。だれに見られているわけでもない、ほめられるわけでもないのに、丁寧に掃除をするのです。

荒れていた学級を受けもったときには、よく次のようなことを言っていました。

「自分の成長と一緒に、まわりの人が幸せになることも考えよう」

「人に敬意を払うとは、相手にも自由があることを認めることだ」

前章で、学級経営の中核は子どもの考え方をよりよいものに変えることだと述べました。

ここには、「よい価値観を身につける」ことも入ります。

そして、子どもがよい価値観を身につけられるかどうかは、教師のもつ価値観の影響が大きいのです。

だから、教師自身が「自分の価値観とは何だろうか」と振り返らなくてはなりません。

自分の価値観をぜひ書き出してみてください。

そして、その価値観を学級の子どもたちに伝えているかを考えてみてください。

さらに、率先垂範で、教師自身が行動で示しているかを考えてみてください。

つまり、**価値観を共有するには、教師自身の行動が問われる**のです。

手本を見せることほど、子どもに影響を与えることはありません。

子どもが自然と教師の行動を真似するからです。

教師が本気でそうだと信じている価値観を、教師自身が語り、日常の行動で見せることで、子どもたちに、教師の熱が伝わるのです。

≫ 価値観の共有こそが心と心の交流になる

担任の価値観、生き方、考え方は、鏡のごとく学級の子どもたちに伝わっています。**教師もまた、子どもにとっては環境の一部**なのです。

プロスポーツや企業の世界では、「このチームらしくない行動はとるな」というルールを決めているところが多くあります。

学級に風土ができてくると、「この学級にふさわしい行動をとろう」「この学級にふさわしくない行動は慎もう」といったような声かけができるようになります。

よい価値観に沿った具体的な行動の仕方を教えることも大切です。

例えば、謝罪やお礼を言うことができない子がいます。

行動の仕方を教えられていないことが原因です。

小学校低学年で、学級全員で休み時間に遊んでいるとき、ルール違反をしてしまった子がいたとします。しかし、遊びの中では注意しません。とにかく楽しく遊びます。

遊びの後、「おもしろかったよね」と言いながら教室に帰ります。

教室に帰ってしばらくして、言いに来る子がいます。

「〇〇ちゃんがルール違反してたんだよ」

「ルールを守らないからおもしろくないなあ」

そこで、全体の前で言います。

「さっきの休み時間楽しかったね。ところで、ちょっとだけルール違反があったという意見がありました。楽しい遊びのとき、ついルールをはみ出した行動をしてしまうことがあります。よくあることです。ルールを破った人は『ごめんね』と謝ることが大切です。そうすれば、まわりも納得します。それに、謝れる人は立派な人です。謝れるかな？　みんなの前で謝れない人は後で先生に言いに来てね」

このように、**望ましい行動の仕方を、具体的な場面で教えていく**のです。だからこそ、全員が「こういうときは素直に謝ることが立派なのだな」と理解できるのです。

友だちに反対の意見があるとき、どう言ったらよいのか。

自分が怒りを感じたとき、どう表現すればよいのか。

友だちが間違った行動をしているとき、どう伝えたらよいのか。

こういった、対人スキルやマナー、感情コントロールの方法などを教えていくのも、学級経営では大切なことです。

15 人的環境づくりは、「いじめ、差別との決別宣言」から始まる

≫ よい人間関係をつくるための第一歩

学級で「安心」して過ごせるには、何より人間関係をよくしないといけません。「自分のよいところやがんばりを、まわりの人が認めてくれている」そんなふうに思えるようにしていくのです。言い方をかえると、「支持的なムード」をつくる必要があるのです。

支持的なムードをつくるには、段階があります。

まず、「いじめ、差別との決別宣言」を、学級開き後、早い段階で行います。一番に教えるべきは、**「いじめは犯罪なのだ」というルール**です。

道徳的に理解するには時間がかかります。心の成長を必要とするからです。

そこで、**ルールとして確認することで、いじめが起きないように予防する**のです。

そのうえで、差別も防止していきます。効果的なのは「差別的な言動とは何か」に気づかせることです。学級開き後、しばらくして宿題を出します。

「日記を宿題とします。日記に書くのは、今まで友だちにしてもらってうれしかったことです。もう1つは、今まで友だちにされて嫌だったことです。

新しい学年のスタートです。嫌だったことがもう二度と起きないために、そしてうれしかったことをもっと増やすために行います」

書きやすくするため、「このクラスの人とは関係ないことでもいいです」「簡単に書けばいいです」「些細なことでもいいです」とつけ加えます。

次の日、授業で日記の内容を紹介します。もちろん匿名です。

このとき、嫌だったことから読み上げます。

「他の子には消しゴムを貸しているのに、自分には貸してくれない」

「おはようのあいさつをしてくれない」

「休み時間に遊びに入れてくれない」

「掃除でいつも雑巾をさせられる。ほうきに替わってくれない」

細かなことですが、リアルな描写に教室はシーンとなります。この時点で、心当たりのある子は焦り始めます。下を向いたり、まわりの反応を伺ったりしています。

「差別的な行動を止めよう」と教師が言うより、友だち目線で差別的な行動を具体的に示した方が、強烈な効果を発揮するのです。

ここで、強い口調でたたみかけます。

「こんなことは先生は絶対に許せませんね。みなさんは許せますか？　許せない人は手をあげなさい」

全員が手をあげますが、心当たりのある子は遠慮がちです。

そして、「こういった行動はすべて差別であり、いじめなので、この学級では絶対に許さない」と宣言します。

学級の雰囲気が悪くなるので、差別的な言動にフォーカスしたくないのですが、一度はこの授業を通して「差別とは何か」に気づかせる必要があるのです。

続いて、「友だちにしてもらってうれしかったこと」を紹介します。

「一緒にがんばろうと励ましてくれた」

「困っているときに助けてくれた」

教室は、ホッとしたムードに変わります。子どもの表情も笑顔になります。

最後に、エピソードを紹介します。困難と思える課題を学級全体で協力することによって乗り越えた話です。過去の学級のよい出来事を紹介するのです。

そして言います。

「学級には2種類あります。みんなが互いを蹴落とすべき敵だと思って協力しない学級。いじめや差別もある学級です。もう1つは、互いのよいところを生かし合い、弱いところは補い合って、仲間として協力できる学級です。いじめや差別のない学級です。どちらの学級をつくりたいですか?」

もちろん、後者の方がよいと口々に子どもは言います。

この授業を通して、子どもは「自分の行動をこんなに嫌だ(うれしい)と思っている人がいるのだ」と学び、「人間関係は網の目のようにつながっていて、自分の行動が水の波紋のように広がっているのだ」と気がつきます。

このように、**子どもたちが圧倒されるぐらいに、教師自身がいじめと差別を許さないという強い決意を示すことが大切**です。

16 支持的なムードづくりのカギは、「加点主義」

悩みはどこから来ているのか

体育の授業での出来事です。

ある子が、「絶対にリレーはしたくない！」と言ってきました。

理由を尋ねると、「リレーで負けたのを自分のせいにされる」とのことでした。走るのが得意でないので、足の速い子が負けるのを自分の責任にしてくると言うのです。

学級によい人間関係がないと、リレーだけでなく、すべてのことに同じ状況が起きてしまいます。「失敗は人のせい」「できないヤツが悪い」といった考え方が浸透するのです。

大切なのは、「よい人間関係」をつくることです。

アドラー心理学では、**「すべての悩みは対人関係からきている」**と考えます。

子どもの悩みをよく聞くと、人間関係の悩みが、何かをきっかけに噴出しているだけだということがわかります。

この悩みを解決するために、アドラーは方向性を示しています。

他者を「敵」ではなく、「共に歩む大切な仲間」だと意味づけを変えなくてはならないのです。

つまり、**「学級の友だちは、自分の競争相手ではなく、互いに助け合う仲間なのだ」という意識の変換が必要になる**のです。

「学級にいる他者は、自分の仲間なのだ。蹴落とすべき敵ではない」

「お互い長所は違うし、短所も違う。長所を発揮して短所を補い合えばよい」

「他者は、自分を満たすために生きているのではなく、自分もまた他者を満たすために生きているのではなく、お互い独立した自由な存在なんだ」

そういう考え方に変えていかないといけないのです。

考え方を変えるには、教師が言葉で伝えるのと同時に、体験が必要になります。

特に大切になるのが、「人は一人ひとり違うので、それぞれの長所を発揮して、短所は補い合えばよい」ということを、**体験で理解させること**です。

支持的なムードを生み出す

よい人間関係をつくるには、「支持的なムード」をつくる必要があります。

支持的なムードをつくるには、「互いの違いを認め、それぞれのよさを認める」ことが大切になります。

そのために、**「加点主義」**をとります。

ダメなところには注目せず、よいところに注目するのです。

わかりやすいのは、バスケットボールなどのチームスポーツです。

足が遅い子、体の大きな子、小さな子、だれでも活躍できます。

足が遅いけど力が強ければ、ゴール下でリバウンドをしてもらえばよいのです。

背が低いけど素速いなら、ドリブルで相手ゴールに運んでもらえばよいのです。

つまり、**適材適所で活躍してもらう**のです。

教師の「解説」も大切になります。

「○○くんはこういうところで活躍してくれたので、ものすごく助かりました」

「○○さんは、守備で貢献してくれて助かりました」

係活動も同じで、アイデアは浮かばないけど丁寧に作業できる子には、ポスターをつくってもらいます。ガサツでも行動力がある子には、イベントの呼びかけをしてもらいます。大切なのは、**教師が適材適所になるよう仕組むことと、がんばりを認めること**です。そして、チームだと、短所は他の人の長所によって、補えるのだと気づかせるのです。

やがて支持的なムードが浸透してきたら、リレーでビリになろうが、「次はがんばろう」と、前向きな言葉をかけられるようになってきます。そして、リレーの結果を、個人でなく、チーム全体の責任だと考えるようになります。「弱いところは補い合えばよい」というムードになっているからです。「足の速い子がリードしてくれればよい」「足が遅い子は練習して少しでもタイムを縮めたらよい（足の速い子に比べてタイムが縮みやすい）」「みんなでバトンパスを工夫すればよい」などとアイデアを考えられるようになるのです。

支持的なムードができ、よい人間関係ができるから、バカにされない安心感や、努力が認められる安心感が生まれるのです。

悩みは人間関係から生まれるのですが、充実感や喜びも人間関係から生まれるのです。

アドラーは、不安や悩みはただ連帯によってのみ解決されると指摘しています。

17

よい環境をつくるのは、教師と子どもだけではない

≫ 保護者を応援団にするための手立て

保護者が教師の応援をしてくれる。

これは、子どもが成長できる環境をつくるうえで、極めて大切なことです。

ただし、保護者に応援団になってもらうには、前提があります。

まずは子どもの成長の事実を生み出すことです。

「成長の事実」には、学力や社会性、生き方など、様々な観点があります。

学力であれば、

「基礎基本が確実に習得された」

「主体的に自主勉強ができるようになった」

「友だちと協力して難問を解決する姿勢が育った」

といった成長の事実を生み出すのです。

社会性なら、

「友だちと協力できるようになった」

「自分のことだけでなく、人の気持ちも考えられるようになった」

「トラブルを自分で解決できるようになった」

「自分の要求を相手に伝えることができるようになった」

といった成長の事実を生み出します。

生き方なら、

「自分で自分を律することができるようになった」

「家の手伝いを積極的に行うなど、まわりに貢献できるようになった」

「目標に向かって努力を続けられるようになった」

「困難な状況でも粘り強く取り組めるようになった」

といった成長の事実を生み出すのです。

子どもの成長の事実が生まれたら、**次に行うのは情報発信**です。

例えば、学級通信で、成長の事実を紹介します。

学級の水泳の25ｍ完泳率が１００％になったこと。

一度の作文で原稿用紙30枚以上書けるようになったこと。

難問をチームで協力して解決できたこと。

このような成長の事実を、学級通信などを通して広く保護者に伝えるのです。このとき、成長の事実とともに、教師の思いや願いも伝えます。

成長の事実があるからこそ、保護者は徐々に、教師の取組に関心を寄せてくれるようになります。

「今年は、先生の思いや願いがよくわかるな」

「子どもが成長しているようだな。学級の雰囲気がよさそうだな」

このような状況になったらチャンスです。

保護者に「ほんの少しのお願い」ができるようになります。

例えば、

「いじめや差別は絶対にダメだと教えています。ご家庭でも、そういうお話をしていただけると助かります」

といった具合です。

「もうすぐ家庭科の裁縫があります。もしよかったら、お手伝いいただけませんか」

「もうすぐ七輪体験です。班ごとに七輪を使って昔の料理を食べます。手伝っていただけませんか」

裁縫の授業など、10人以上の保護者が来て、補助してくれるようになります。

七輪体験も大賑わいになります。昔から伝わる知恵も教えてくれます。

「松は、やにの油があってよく燃えるよ」

「少しずつ火を大きくするんだよ、紙で大きく燃やしても炭につかないと意味ないよ」

来てくださった保護者は、子どもや教師から感謝されます。学級通信でも紹介されます。

それを読んだ他の保護者が、「次は私も協力しようかな」と思ってくれます。

子どもが成長している事実をつくり、熱意をもって取り組んでいる教師が、「ほんの少し」助けを必要としているから、力を貸してくれる保護者が現れるのです。

》保護者との連携の進め方

イメージとして、こんなふうに考えておくとよいでしょう。

まずは、教師一人が学級経営の高いゴールを宣言し、ゴールに向かって歩み始めます。ゴールに向かう過程や様子を、学級通信で紹介します。

成果を紹介しつつ、まだ足りないところ、不足しているところをさらけ出します。

すると、「先生が困っている」と、手伝ってくれる人が少しずつ増えてくるのです。

最初から保護者が助けてくれることを期待していると、だれも助けてくれません。

ところが、教師が自分自身を叱咤激励し、七転八倒しながら歩んでいると、一人、また一人と、保護者が応援し、助けてくれるようになるのです。

保護者が「手伝ってあげたい」と思える熱意を教師が見せないと、連携も連帯もできないのです。

二重跳びの機械を自作してくれたり、校庭の草取りを手伝ってくれたりと、応援してくれるようになります。

環境学習のときには、「こんなエコ商品があった」とたくさんのものが提供されます。

学芸会で時代劇をするときには、「昔の着物を使ってください」「小道具をつくりました」などと手伝ってくれるのです。


また、保護者と一緒に教育を考えていくことも大切です。

例えば、保護者会などの場で、保護者からアイデアをもらえばよいのです。

「よりよい学級にするため、よりよい子どもの成長につなげるため、どんな教育をしていけばよいのか、一緒に考えてください」

そういったスタンスで、自由に考えを述べてもらうのです。

保護者は、担任にはない視点をもっているものです。

自分の目だけでは気づけないことがあります。知らないことは見えない、重要でないこと(自分が重要でないと思い込んでいること)も見えないからです。

そこで、**保護者の視点で学級経営を考えてもらう**のです。


他にも、テーマを設定してアイデアを募るのも効果的です。

例えば、「携帯電話やインターネットの使用で、学級として、どういった方針をとればよいか」などテーマを決めて話すわけです。

さらに、「学級経営にアイデアや要望があれば、連絡帳でお知らせください」と言っておくのもよい方法です。

すると、保護者が放課後に来校されて雑談されたり、手紙が来たりするようになります。

「家でこういうことを言っていたので、また学級でも様子を見てください」

「今はまだ規律を自分で守ろうとする意識が低いから、ルールやマナーを学校でしっかり教えてやってください」

保護者が、学級経営のことを少しでも考えてくれるようになるわけです。

携帯電話の方針などは、保護者が決めて、保護者自らが動いてくれるようになります。

学校で上意下達で言うより、よっぽど効果があります。

どこまでも謙虚に、保護者の思いや願いも学級経営に入れていきます。

第4章

本当は大切だけど、
誰も教えてくれない

[学級経営の筋道]6のこと

18

土台のないところに頂点はない

≫ 土台のない状況で子どもに任せるとどうなるか

ある学校で、荒れの兆候が見られる学年がありました。
授業中でも騒がしく、教師の指示が通りにくいのです。
教師が叱ることで、何とか授業の体を保っている状態でした。
その状態のまま、その学年が高学年になりました。
その年、学校では、協同学習を4月最初から取り入れることになりました。
理由は、校内研究で協同学習がテーマに決まったからです。
さて、結果はどうなったでしょうか。
授業中の荒れはさらにひどくなり、授業が成立しない状況になってしまいました。

「グループで問題を解決しなさい」

と言っても、ケンカが始まり、学習にならなかったのです。

土台のできていない集団に高いレベルのことを求めてもうまくいかないのは、当然のことです。しかし、このような出来事が学校現場では現実によく見られるのです。

また別の学校の出来事です。

この学校では、数年にわたり様々な学年が荒れていました。

「昨年は５年生が荒れた」

「今年は３年生が荒れた」

そんな状況が続いていました。

その学校で「自治」と「自律」を４月から求める方針になりました。

理由は、新校長が新しい方針を出したからです。

「子どもは天使なのだから、自由に育てることが大切だ」

「子どもの成長を陰で支援するのが教師の役目だ」

その自論から、教師の指導性を最小限にし、子どもが自由に過ごせる学校をつくろうとしたのです。

結果はどうなったでしょうか。

荒れが加速度的に進行しました。1年生が集団で授業を抜け出すようになりました。しばらくすると、授業を抜け出すだけでは収まらず、校長室に集団で入り、暴言を吐くようになりました。

「もっと授業をおもしろくしろ！」

「もっと遊びたいんだ！」

「学校なんておもしろくないから授業はもう受けない！」

校長に対し、面と向かって食ってかかるようになったのです。小学1年生が、です。

このような「土台のない状態で高いレベルを求める」実践は、多くの学校で行われてきました。しかし、そのどれもが失敗で終わっています。

学級（学校）経営には、筋道があります。

しかし、自治や協同学習ができる学級は、一見子どもだけで活動しているように見えます。教師が何も指導していないように見えるのです。

ここで、力のない教師は勘違いをしてしまいます。

「子どもを伸ばすには、教師は何もせずに見守っておけばよいのだ」と。

しかし、実際には、**教師がしつこいぐらい積極的に指導し続けてきたからこそ、自治や協同学習の段階で教師の見守りが増えたに過ぎない**のです。


学級経営でまずやるべきは、学級経営ピラミッドの土台部分をつくることです。

そのために、4月の最初は、まず次の3つに全力を注がなくてはなりません。
①②が「安心・安全」（集団面）にかかわること、③が「できる・楽しい」（授業面）にかかわることです。

---

①いじめ、差別との決別を宣言する
②秩序をつくる（ルール、マナー、モラルを徹底する）
③できる・楽しい授業を行う

どれも、教師の指導性を必要とするものばかりです。教師が前面に出て、教師主導で実

現していくのです。

しかも、達成されたら終わりではありません。

「土台」ですから、一年間継続的に指導する意識が必要です。

①を実現するには、**教師の断固とした決意が必要**です。
「どんな理由があろうといじめ、差別は許さない」と宣言し、差別やいじめにつながる言動は逐一指導するのです。

そして、道徳的な心（＝考え方）を育てる指導に移ります。「いじめや差別は人としてはずかしいことだ、バカバカしいことだ」と思える心にしていくのです。

②は、先に望ましい行動を示し、それができているかどうかを見取って評価します。
望ましい行動が身についてきたら、次の段階に移ります。子どもに適切な行動を判断させ、行動させるようにします。教師はあえて見守ります。そして、適切な行動ができたかを振り返らせ、望ましい行動の例を教えます。つまり、**半分任せて、半分指導する**のです。

最終的には、子どもにほとんど任せ、子ども自身に反省させる指導に移ります。子ども同士で注意をさせ合う機会も増やしていきます。

このように、徐々に「自律」ができるようにしていくのです。

③のうち、**「できる授業」は、授業の最低条件**と言えます。

例えば、漢字テストで０点の子がいるなら、教師の授業が悪いと言われても仕方ありません。泳げない子が泳げないままなら、それは教師の力不足と言われても仕方ないのです。

最低でも「できる授業」は実現しないといけません。

そのうえで、「楽しい」授業も実現していくのです。

「楽しい授業」とは、**知的な楽しさのある授業**です。考え方が一段階上がった、最初はわからなかったことが説明できるようになった、と喜べるような授業です。

よい学級は、子ども中心で物事が進み、華やかな活動が目立ちます。教師の指導性がほとんどないように見えるのです。

しかし、華やかな活動（学級経営ピラミッドの頂点部分）を土台がないまま取り入れようとすると失敗します。そのことがわかっている教師は土台づくりに全力を注ぎます。

19

「安全の確保」で、教師の本気度が試される

〉〉差別をなくすための、ある学級の取組

200人規模の学年での出来事です。

この学年では、差別的な発言が日常的に見られました。

「デブ」とか、「チビ」とか、そういうことを子どもがすぐに言ってしまうのです。

低学年から続いた差別的な発言は、4年生になるころにはもはや習慣となり、あいさつ代わりに人の悪口を言うようになっていました。

朝、友だちに会うと、

「今日も眠そうな顔をしてるな」

「服がパンパンになってるぞ」

などと悪口を言うのです。

これを何とかしようと、ある教師が考え、自分の学級で取組を始めました。

差別的な発言が習慣になっていたので、矯正するのは不可能に思えました。

他の教師も、子どもたちも、あきらめていたのです。

ところが、その教師だけは本気でした。

４月、いつものように「デブ」と言った子がいました。子どもたちにとってはいつもの光景なので、聞いていたまわりの子はだれも気にしていません。

ところがです。

言った子に教師が烈火のごとく叱り始めたのです。その剣幕に、学級は凍りついたようにシーンとなりました。

さて、このすぐ次の日。

また別の子が、今度は「チビ」と言って友だちをバカにしました。まわりの子たちは、特に気にしていませんでした。なにせ強固な習慣になっているのです。

ところが、またしても教師は大声で叱りました。まわりの子も立ちすくむ剣幕です。

こんなことが１か月、２か月と続き、３か月経つころ、学級には人の体のことでバカにする子が一人もいなくなりました。しかも、体のことだけでなく、他の悪口も一緒になくなったのです。

こうして、人のことをバカにしないのは気持ちのいいことなのだと、子どもたちははじめて知ったのでした。

話はこれで終わりません。

この学級の子が、他の学級の子を注意するようになったのです。

他の学級の子が人をバカにしたときに、たまらなく悲しい気持ち、何だかモヤモヤした気持ちになるからでした。そして、友だち同士でも注意し合うようになったのです。

「おい、それは言い過ぎだぞ」

「やめろ、人の体のことを言うのは」

このような言葉かけが自然となされるようになったのです。

やがて、1つの学級から始まった「人をバカにしない」「差別的な発言をしない」習慣は、他の学級へと広がっていきました。この出来事は、子どもたちに天地がひっくり返るほどの衝撃を与えるものであり、考え方の変換を促すものでした。実際に悪口がなくなると、こんなによい学級をつくれるということを、だれもがそのとき実感したのです。

≫ 教師の本気度が試される

教師が、「いじめや差別は人として許せないことだ」と本気で伝えることで、「安全」はようやく確保されます。

「いじめと差別をなくし、平等な状態から学級をスタートする」

ここが何よりも大切です。教師の本気度が試されているのです。

安全を確保できたら、次に「安心」を確保しなくてはなりません。「支持的なムード」をつくりあげるのです。

まわりから馬鹿にされる環境で力を発揮できる子はいません。それは、**その場所が「敵地」だから**です。敵地では、どんなに力のある子でも、力を発揮できないのです。

安心と安全が確保されたかどうかをはかるよい方法があります。

それは、**「子どもが自分の意見をみんなの前で躊躇なく表明できるか否か」**です。

賛成意見でも反対意見でも、まったく別の意見でも、自由に表明できるかどうかです。

これができる学級は、その子にとって安心・安全が確保されたことを意味します。

この自由な意見表明ができないと、協同学習なども、うまくいかないのです。

20

協同・協調の経験は、徐々にサイズ、自由度を上げていく

≫ 荒れた学級に共通して見られる現象

荒れた学級に共通して見られる現象があります。

それは、グループ活動をさせると、必ずケンカになって終わることです。

「きちんと仕事をしてよ」「協力してよ」「さぼらないで」といった言い合いが始まり、うまく活動できないのです。グループ活動のやり方は教えたにもかかわらず、です。

これはいったいなぜなのでしょうか。

①人はみんな違っていて、それぞれ長所や短所があることが共通理解されていない

②適材適所を考えて、仕事を分担した方がよいことが共通理解されていない

③自分に自信がないので、相手のがんばりを認めて、励まし合うことができない

この①から③の中で、根本的な原因となっているのは何でしょうか。

私は、①だと考えています。

要するに、**「協同」の意義がわかっていないことが根本原因**なのです。

人はそれぞれ違います。

弱みもあれば強みもあります。だから、互いの強みを生かし、弱みを補えばよい。

それが協同の意義です。

簡単に言えば、適材適所によってチームで成果を出していけばよいのです。


そして、ここからが大切なのですが、①のことを理解して、適材適所を実現するには、実は、**学級経営のシステムを見直さないといけない**ということです。

例えば、競争を過度にあおるシステムはないかを振り返らないといけません。

そして、様々な考え方や長所をもった人が力を合わせて成果を生み出すシステムを用意しないといけないのです。

「友だちは敵ではなく、対等に力を合わせる仲間だ」と思えるような、**友だち同士の「横の関係」を強化するシステム**です。

》「横の関係」を強化するためのグループ活動のシステム

教師が意識したいのは、

「一人ひとりに仕事が割り振られ、活動に貢献でき、全体として、一人でやるよりもはるかに大きな成果をあげることができた」

という経験を、できるだけ早く全員に経験させることです。

例えば、四人班で何かに挑戦させるとします。

低学年との交流会や、縦割り班の交流会で、班ごとにゲームや遊びを考えさせます。低学年の子を相手にした、楽しい活動を考えさせるわけです。

次々とアイデアを考える班もあれば、動きがバラバラで停滞する班もあります。

教師は、停滞している班を見つけ、何としても成果を出させるようにします。

停滞している班は、アイデアが出ないので、仕事の割り振りもできない状態です。そこで、話し合いに教師も入ることで、進めていきます。教師が助言したら、そのことに対しての意見を全員に言わせます。一人ひとり必ず何か意見を言ってもらいます。要するに**「ディスカッション」の状態にする**のです。自分たちで決めた実感をもたせるには大切なことです。

こうして、活動が停滞していた班も徐々に自分たちで動けるようになります。それを力強くほめます。すると、徐々に仕事が軌道に乗っていきます。

わがまま放題だったやんちゃな子は、上手な仕切り屋になります。

大人しい女子は、丁寧に記録をとったり、ポスターをつくったりする係になります。

計算が得意な子は、ゲームがうまく進行するための時間配分を考える係になります。

動きの停滞していた班が楽しく活動できているのを、まわりの子も見ています。すると、見ていた子どもたちの価値観も同時に変わります。

「力を合わせると成果を生み出せる。長所を発揮し、短所は補い合えばよい」と。

このように、**小さなチームでがんばる機会を数多く用意するシステムをつくる**のです。

他にも、次のようなチームをつくります。

・クラスを盛り上げるためのお楽しみ会のチーム

・理科の科学研究を進めるチーム
・読書感想文などに応募するチーム
・写真コンテストや、新聞コンクールなど、何かのコンクールに応募するチーム
・運動会のバトンパスを極める練習チーム
・体育のバスケットボールのリーグ戦で優勝するための特訓チーム
・クラス対抗の大縄大会で優勝するための特訓チーム

最初は教師が、

「こんな活動をチームでやってみない？」

と紹介することも大切です。

こういった小さな四〜十人程度の動きから、徐々に大きな動きが生まれてきます。
・学校全体を盛り上げるダンスチームをつくって、休み時間に全校の前で披露する
・学年でダンスチームをつくり、地域の町おこしのイベントで地域の人たちに披露する
時には、教師が役割を与えてもよいでしょう。学校や学級に貢献できるような役割です。

「学級のがんばりを新聞にしてみんなに伝える係はできないかな？」
「保護者との交流会をするんだけど、司会をしてくれるチーム、出し物を考えてくれるチーム、遊びを考えてくれるチームをやってくれないかな？」

教師が役割をチームにお願いすることのよいところは、「この学級には、自分の役割がある」「学級のため、みんなのために貢献できることがうれしい」といった実感をもたせられることです。

集団への所属感も高まるし、貢献感も高まります。そのうえ、自己評価も責任感も高まるのです。

⑵ 徐々に自由度を上げていく

グループでの活動は、最初は教師が例示します。一緒に活動を考えることもあります。最初はそれでよいのです。

しかし、**だんだんと「何を活動するか」「活動をどう進めるのか」を子どもに任せていくようにします。**つまり、徐々に自由度を上げていくようにするのです。

自由度の高い活動では、教師は、子どもたちにあれこれと指示を出すことはしません。

後ろから見守る役割に徹します。相談役に徹するわけです。

自分で活動の仕方を考えるわけですから、子どもには、「起業家精神」が求められます。教師が全部指示する活動とはまったく異なります。

Googleは、優れたマネジャーの共通点を調べる社内調査「プロジェクト・オキシジェン（Project Oxygen）」を、２００９年に行いました。そこで優れたマネジャーの特性が８つ明らかになったのですが、そのうちの１つの中に、**「チームのメンバーに対して、過度な監督や干渉をしない」**という特性があるのです。

細かなことをいちいち言われると、人はやる気をなくしていきます。ですから、最終的には子どもに任せてしまって、「よきにはからえ」と、ドンと構えておけばよいのです。

最初のグループ活動は、教師が手伝うティーチングが主になります。しかし、だんだんと子どもに任せていかなくてはなりません。つまり、徐々にコーチングが主となるわけです。

個人へのコーチングも、チームへのコーチングも、基本的にやることは同じです。

①その人、チームがやりたいと願うゴールを考えさせる
②ゴールを達成する方法を考えさせる
③成果を見える化し、がんばりを認め、称賛する
④やり方を任せて過度に干渉しない

ただし④は、チームの場合、仲間がいるわけですから、見守るぐらいでちょうどよいのです。

ちなみに、集団が大きくなればなるほど、「協調」の難易度は増します。

なぜなら、**利害関係が複雑になるから**です。

「利害が異なっていても、学級全体の利益を考えると、こういう方法にした方がよいだろう」と考えられるようになると、協調できるようになったと言えるのです。

【参考文献】

・『世界最高のチーム　グーグル流「最少の人数」で「最大の成果」を生み出す方法』ピョートル・フェリクス・グジバチ、朝日新聞出版、２０１８

21

自立や自治を促す指導は、4月から始まっている

自立と自治を促す

学級経営の最終段階は、個々の自立と集団としての学級の自治の実現です。

ここで注意したいことがあります。

自立や自治を促す指導は、土台を築くころから少しずつ行っていくということです。

つまり、自立も自治も、4月から少しずつ促していくのです。

そして、最終段階で思い切って子どもに任せていくようにするのです。

まずは、自立について考えます。

ここで言う自立とは、精神的な自立のことです。

精神的な自立ができているかどうかは、いくつかのことで判断できます。

1つめは、**教師がいなくても自分の行動を自分で律することができるか**です。

だれも見ていないところで、ルールやマナー、モラルを大切に行動できるかどうかです。

だれも見ていないところでがんばれるなら、精神的に自立できています。


もう1つは、**新しい動きや新しい一歩を自分で踏み出しているか**です。

リーダーを進んで行うことや、新しい目標に挑戦するといったことです。学級に新しい動きをつくることも入ります。

つまり、価値のある行動を自分で決め、行動しているかで判断できるのです。

教師の指示通りにできるだけでなく、自分の判断で動けるようにするのです。

これは、前提として「失敗しても自分で考えてやろうとしたことに価値がある」という価値観が共有されていないといけません。

そして、失敗したとしても、次のように声かけしなくてはなりません。

「助かったよ」

「たくさん努力したんだね」

「ここが進歩したね」

「自分としてはどこが前よりよくなったと思う?」

「大変だったでしょう。ありがとう」

そして、おおよその方向性を示して、あとは子どもに任せる場面をつくっていくのです。例えば係活動は、「学級を楽しくする」というおおよその方向性は決まっています。どんな価値を生み出すかは、子どもに任せたらよいのです。

日々の教師の姿勢が問われる

このような精神的な自立ができるには、日々の教師の姿勢が決定的に重要になります。日々の生活の中で、その子の力で歩んでいけるように促していくのです。

平たく言えば、**「自分のことは自分でさせる」**のです。

自分のことを自分でできるようになるには、教師が代わりにやってあげるのを止めるのが一番です。

教師があれこれと助けるのではなく、子どもが自分で歩むのを見守ればよいのです。**放置するのでもなく、突き放すのでもありません。**あくまで見守るのです。助けを求めてきたら助けますし、何かを頼んできたら手伝えばよいのです。

教師の姿勢として、**「その子は一人の人間として、立派にできるはずだ」と信じることが必要になる**のです。

「教育のためには、教師に対する信頼と尊敬が必要だ」と言われます。

これはその逆も言えるのです。つまり、「教育のためには、子どもに対する信頼と尊敬が必要」なのです。

自立できるようになると、次々と新しい活動が生まれます。

ダンス大会、劇、ペープサート、漫才大会、クイズ大会、カラオケ大会、スポーツ大会、将棋大会など様々です。それぞれのチームにはリーダーがいて、みんなを引っ張っているのです。

これは、次のような学級の組織になっていることを意味します。

学級には、教師がリーダーとして存在し、最高責任者として学級のルールや方針を示しています。一方で、子どもたちは、教師の過度な干渉を受けることなく、自分で新しい動きをつくっていき、行動していくようになります。つまり、**統制されつつも、自由な動きが生まれる**のです。

一見、「教師の統制」と、「子どもの自由な動き」の両立は矛盾するように思えます。ところが、**教師がリーダーとしてルールや方針を示すことが、むしろ、子どもの自由な動きを促進する**のです。

このことに気づけるかどうかが、自立のカギと言えます。

》自治を促すために

続いて自治の実現を考えていきます。

私の著書『子どもを自立へ導く学級経営ピラミッド』では、「任せる自治」「尋ねる自治」「問題解決の自治」の3つのシステムを取り入れると、比較的容易に自治が促せることを示しました。

ここでは、自治のレベルが高まると、どういう段階に進むかを述べます。

第一段階は、**「自分たちのことは自分たちでできる自治」**が可能になります。子どもだけで一日を過ごせるようになるのです。教師が突然出張になったとしても、子どもだけで問題なく過ごせる、といった具合です。

荒れた学級で、出張に行った先生はわかるはずです。出張から帰ると、解決していないトラブルが山のように報告されるのです。教師がいないと学級が荒れてしまうようでは、自治はできていないわけです。


続いて第二段階は、**「協同できる自治」**が可能になります。

例えば学校祭りで、学級で何かの店を出すことになったとして、どんな店をどう運営していくかを任せられる、といったことです。

教師は大まかな方向性だけを示し、後は任せるイメージです。

この段階になってくると、子どもが教師を頼ってきても、時には突き放すことも必要になります。

質問に来ても、次のように返します。

「どうしたらいいと思う?」

「先生に尋ねる前に、みんなと相談してごらん」

「なぜそれをするのかみんなが理解できているなら、やっていいですよ」

第三段階は、**「問題解決できる自治」**が可能になります。

学級の問題が起きたとして、子どもだけで解決できそうなら、任せることができます。

「休み時間に遊ぶ人が限定されていて、仲間外れにされることがある」

このような問題をどうしていけばよいか、アイデアを出して、解決を実行できるのです。


第四段階は、**「学級経営に参画する自治」**が可能になります。

自分たちでよい学級をつくるために、様々なアイデアを出し合い、実行していくことができます。

アイデアは会議で出し合うこともあります。

会議は、次の順番で進めます。

---

①今、この学級のよいところやがんばっているところは何ですか?
②今、この学級の改善した方がよいことは何ですか?
③さらによい学級にするために、自分が何をできるか考えましょう。

「よいところ」「がんばっているところ」を最初に出すのは、まずは学級の「よさ」を再確認するためです。

よさ、すなわち長所は、探さないとわからないことが多いのです。そして、学級の長所を生かせば、学級の短所が改善できることがあるのです。だから、まず学級のよさに目を向けさせているのです。

③でアイデアを出し、その後実行に移します。

1か月後に同じことを話し合うので、1か月間は、実際に行動してみるのです。

もちろん個人でやってもいいし、チームを組んで何かの取り組みを始めてもよいのです。

そして、1か月後に同じ話し合いを行います。

このように、1か月ごとに反省して、またアイデアを出し、実行するのです。**子どもたちが、学級経営に参画し、PDCAサイクルを回す**わけです。

22

「参加」ではなく「参画」できて、はじめて自治が実現する

》よい学級は「あるもの」ではなく「つくるもの」

自治の第四段階では、学級経営に、子どもも参画するよう導きます。比較的実行しやすいのは、個別にアイデアを募ることです。個別相談や、個別面談の時間を定期的にとります。面談の時間は、10分程度でかまいません。個別に話を聴くようにします。そのとき行いたい質問が、次の3つです。

①最近○○をよくがんばっているね。他にがんばっていることや、これから何をがんばろうとしているか教えてください。

②この学級にはどんなよいところがあるかな？　教えてください。先生はそれを伸ばしたいと思っています。
③この学級をもっとよくしたいと思っているんだけど、そのためには、みんなの知恵が必要です。どうしたらもっとよい学級になるか、教えてください。

これらの質問をすると、子どもはパッと笑顔になります。**先生が自分を頼ってくれてうれしいから**です。そして、真剣な表情で考え始めます。

子どもはそれぞれ、「思い」や「願い」をもっています。それを、一対一で、じっくりと聴いてみるのです。

質問①は、目標に向かって努力をどう続けるのかの質問です。

ここではまず、教師が見ていて気づいたがんばりを伝えます。

そして教師が気づいていない子どものがんばりを教えてもらいます。思わぬがんばりがわかるはずです。放課後になると人知れず大会に向けて練習をしているとか、習い事や自主勉強を何時間もやっている、などです。

質問②と③は、学級経営をよりよくするアイデアを出してもらう質問です。

質問②で、「学級のよいところ」をまず尋ねることに意味があります。これは、「よさ」にまず目を向けてもらうために行うのです。

②と③の質問を続けていると、普段から学級のよいところを探すようになります。そして、よさを生かしながら、もっとよい学級にするためのアイデアを考えるようになるのです。

面談を定期的に続けていると、面談だけではなく、普段の生活でも、教師に助言してくれるようになります。

「先生の配り物のタイミングが少し遅いかな。帰りの会で配ると下校が遅くなるから、給食の後とか、もっと早めに配ればいいと思う」

「宿題を出すよう毎朝呼びかけてくれるのはいいんだけど、忘れた人が自己申告すれば呼びかけずに済みます。そうでなければ出席番号順に提出させたらいいんです」

教師が気づかなかったことも教えてくれます。

「先生、まだ差別あります。仲間に入れてくれない雰囲気のグループがあります」

「先生、失敗を笑っている人がいました。努力を続けることに価値があることがわかっていないんじゃないかな」

こういった子どもの声を吸い上げるのは、なかなか辛いことです。それは、教師へのダメ出しだったり、学級経営の不備を突くものだったりするからです。

この3つの質問は、アンケートで書かせる場合もあります。ただし、**意見を書いた子に直接感謝を伝えることを忘れてはいけません。**

よい学級は「あるもの」ではなく「つくるもの」という意識改革が、教師にも子どもにも求められます。

特に教師が、子どもの助けが必要であることを率直に認め、自分の学級経営の弱さを認め、学級のすべての動きの把握は困難であることを認め、様々な考えをもつ子どもがいることを認めることが重要です。

教師のやり方に合わない子もいます。その場合は、どんな学級経営がよいのかをその子と議論すればよいのです。そして教師の方針を理解してもらいつつ、その子の意見も取り入れる努力をすべきなのです。

≫ 自分にできることを実行する

さて、アイデアを出してもらったら、「自分にできること」を実行してもらいます。

この「実行」までできて、はじめて「参加」から「参画」になるのです。

参画は、**集団の構成員が、集団で起きることは自分の問題と思って、責任をもって集団をよりよいものに変えていくこと**を意味します。

つまり、当事者意識と責任をもって行動していると「参画」になるわけです。

「男女がもっと仲良くなればと思います。そのために、何か男女で協力できる活動をすればよいと思います」

「いいアイデアだね。先生も大賛成だよ。そのアイデア、少しでも実現できればと思うから、無理のない範囲でがんばってくれるかな」

このぐらいのお願いでよいのです。子どもを頼りにするのです。

力のある教師ほど、学級のすべてを把握し、統制しようとします。

しかし、すべての動きを把握し、統制するのは困難です。できるとしたら、それは子どもの動きが乏しいからです。

40人いたら、40人が思う学級をよりよくする動きを自由にやってもらえばよいのです。

はじめは、小さな動きでよいのです。

「休み時間にときどき男女一緒にドッジボールや大縄を始めた」

「将棋や囲碁など、特定の人しかやっていない遊びに他の人も誘うようになった」

このような、小さな動きでよいのです。

これが価値を生み出す行動、創造的な行動なのです。

そして教師は、その動きに感謝すればよいのです。

むろん、教師ができるアイデアなら、どんどん採用していきます。

「掃除場所がおかしいです。ここがずっと汚れています。掃除場所にここを追加した方がいいと思います」

よいアイデアは「即採用」することが大切です。採用された子どもは、意識が変わります。「自分の行動でよい学級ができるのだ」と。

チームでの活動も同じです。学級をよりよくする動きを、一人ではなく、四人程度のチームをつくって実行してもらえばよいのです。

「失敗しても大丈夫」という雰囲気が必要なのは言うまでもありません。

「失敗しても大丈夫です。そもそも失敗なんてありません。よりよい未来に向かって前進しているのですから」

教師の努力と子どもの努力が合わさるから、学級は急速によくなっていくのです。

23

ゴールの充実感は、その場で経験しなければ実感としてわからない

》学級の最終的なゴールの姿

自立に近づくと、高い目標への挑戦もできるようになります。

高い目標への挑戦ができるようになった子どもが集まると、「お互いがお互いを高め合う状態」が生まれます。これが、第1章でも述べた、学級経営のゴールです。

この具体像をイメージするには、強い部活を思い浮かべるとよいでしょう。毎年甲子園に行くチームや、全国大会に行くチームは、互いに切磋琢磨する関係になっています。

それぞれの個人が自律できています。チーム全体にとって望ましい言動をとることができます。監督やコーチに依存せず、自分の意思で行動できます。

さらに、それぞれ高い目標に向かって努力を続けています。自信も高まってきます。自

信があるから、まわりの人を認めることもできます。協力や協調をすることができます。甲子園に出場するのが当たり前と思っている集団にいると、それが当たり前になるどころか、「甲子園に行って優勝するぞ」と、目標が自然と高まります。

このように、**子ども同士で切磋琢磨する関係がつくられる**のです。

この状態こそが、集団の教育力が最大限に発揮された状態なのです。

何のためによい学級をつくるのか

お互いがお互いを高め合った結果、目標も上方修正するようになり、さらに努力を続けるようになります。

努力を続けることは、苦痛にはなりません。なぜなら、高い目標でも、心から達成したいと思える目標だからです。努力が苦痛どころか、楽しいことであり、充実を感じられることなのです。だから、目標に向かって時間を忘れて没頭するようになります。

国語の一度の作文で、原稿用紙50枚も１００枚も書く事実が生まれるのは、この状態になっているからなのです。

ちなみに、学級崩壊はこの正反対になります。

お互いがお互いを下げ合う状態になっているのです。

だれかががんばろうとすると、足を引っ張る。笑い声が起きてバカにされる。自己イメージが低いから、自分よりできそうな人を引きずり落とそうとするのです。

その結果、お互いの目標を下げ合うことにつながります。


お互いがお互いを高め合う集団に所属することは、強烈な体験になります。

その集団で過ごすうちに、自然と、個々の自己イメージが高まり、目標も高まり、やる気も高まるのです。そして、次々と、「高い目標」を達成していくようになります。

このことを体験するために学級はあるのだと私は考えています。

過去の自分にとらわれることなく、高い目標を自由に描き、没頭して行動する。

この充実感は、その場にいて経験しないと、実感としてわかりません。

一度でも、そういう集団に所属したことがある人は、実感として理解できます。

この状態になれば、教師はただほめて、感謝して、日々を過ごす状態になります。

何せ子どもが自分から進んでどんどん動くからです。自然と感謝の言葉が多くなります。

教師として、至福と言える状態になっているのです。

第5章

本当は大切だけど、
誰も教えてくれない

[個別指導と集団指導]6のこと

24

生徒指導の真の目的は、問題行動の予防や抑制ではない

〉〉 生徒指導は何のために行うのか

学級経営における、「個別指導」と「集団指導」の連動を考えます。

まずは、個別指導をどう進めたらよいのかを考えます。

個別指導とは、**「個別に行う生徒指導」**を意味する言葉です。

そこでまずは、生徒指導の意味から考えていきます。

生徒指導というと、どんなことがイメージされるでしょうか。

問題行動を予防したり、抑制したりすることをイメージする方が多いのではないかと思います。

しかし、**「子どもの自己評価を高めること」**というイメージをもっている人は少ないと

思います。

例えばマナー違反の子がいたとします。

静かにすべき場面で、騒いでいたとしましょう。

このとき、「君らしくない」と注意できればよいのです。

この言葉は、ただ叱責する以外の効果を生みます。

「本当の君はそういうことはしないはずだ」と教師から言われたのと同じなのです。

子どもは内心、「そうか、先生は自分をもっと高く評価しているのか」とわかります。

その結果、自己評価が高まるのです。

自己評価が高まることで、自己イメージも高まります。これが生徒指導の大切な目的であり、手段でもあるのです。

生徒指導では、子どもの自己評価を高めるようにしなくてはならない。

この理解がまず必要になります。

このことを押さえたうえで、個別指導と集団指導で何をすればよいのか考えます。

個別指導で行うべきこと

学校教育は、子どもの自立を目指して行われます。

個別指導も、子どもの自立を援助するために行っています。

具体的に、個別指導で行うことは3つあります。

①自律を促す
②個性を伸ばす
③社会性を伸ばす

自立のためには、自分の行動を自分で律する「自律」ができなくてはなりません。

しかも、教師が自律を促している状態から、徐々に、友だち同士で注意し合いながら自律を促す方向へともっていかなければなりません。

さて、問題は②と③です。

ここで多くの教師は悩みます。

「個性を伸ばすことと、社会性を伸ばすことは相反することなのではないか?」と。

どうも、個性を伸ばすことが、「わがままな一匹狼」を育てることにつながるイメージがあるのです。

また、社会性を伸ばすことには、「滅私奉公」につながるイメージがあるのです。


では、個性を伸ばすとは、どういうことなのでしょうか。

個性を伸ばすとは、その子の好きなこと、得意なことを伸ばすことを意味します。

言い方を変えると、自分が本当に実現したい目標に向かって進むことができるようにするということです。

この目標とは、**たとえまわりが止めても、自分がやりたいと思える目標**です。

それならば、それがどんなに高い目標だったとしても、努力を継続することができるはずです。その結果として、その子の得意なことが伸びていくのです。

これが個性を伸ばす指導です。

続いて社会性を伸ばす指導について考えます。

社会性を伸ばすには、次の3つを教える必要があります。

1　人のために行動することの価値
2　自分の自由も相手の自由も認めることの大切さ
3　協同の意義

1は、学校教育の目的に関する内容になっています。

教育とは、そもそも自分の力を伸ばし、自信を高めるために行われています。

ですが、もう1つの大切な目的があるのです。

それが、**人のために行動できる人を育てること**です。

「人のため」の、「人」には、家族や親戚、地域、学級の友だち、学校の人たちなど、自分のまわりにいる人たちが入ります。

年齢を重ねていくにつれて、対象となる「人」の範囲は広がっていきます。「地域」になり、「社会」になり、「国際社会」などになっていくのです。

1の価値を理解するのに必要になるのが、**自分が人とつながっていることへの意識**です。

「自分を認めてくれる人」「自分を助けてくれる人」「感謝したい人」、そういう人を思い浮かべるように促します。

すると、自分が様々な人とつながっていることがわかります。多くの人とつながっているという実感が、行動を独りよがりのものから貢献する方向へと変えていくのです。

2はどうやって教えたらよいのでしょうか。

個人の自由は、常にぶつかり合っています。よって、**学級生活において何らかのトラブルが生じたときこそ、この②を教えるチャンス**です。

例えば、体育のサッカーでいつも同じポジションをやりたいという子がいるとします。他にもやりたい子がいるのに、その子が譲ってくれません。

こういう場面を捉えて、どうすればよいのかを話し合わせます。

他にも、全員遊びを休み時間にすることになったとして、「外で遊びたい」「室内で遊びたい」という意見がぶつかることがあります。

互いの自由がぶつかっている状態になったら、互いの自由を認め合う方向で、話し合いで調整するように助言します。すると、子どもたちなりにアイデアを出し合います。今日は外で遊び、来週は室内で遊ぶ、といった具合です。

３については、前章でも詳しく述べました。

「仲良くしなさい」と強制することを意味するものではありません。**「チームで力を合わせると、すばらしい成果が出た」という経験を通して、「次もまた協力したい」と思えるようにしていく**のです。

経験を通して、子どもは学びます。

「自分も相手も違う長所と短所をもっている。だから、互いが長所を発揮して、弱いところを補い合えばいい」

このように、体験的に理解していくのです。

このことを理解できるようにするためには、困ったらいつでも友だちに助けを借りることができる子に育てることも大切になります。

①から③に示した「自律」「個性」「社会性」の面を伸ばすには、前提として、「自分が満たされていること」が必要になります。満たされているとは、具体的には、マズローで言うところの「承認欲求」が満たされていることを意味します。

自分のがんばりや努力がまわりの人に認められている。

その実感が必要なのです。

自分がきちんと評価され、そして、自己評価が高くなっていないといけないのです。

ここで最初に述べた生徒指導の目的が関係してきます。つまり、まわりから承認され、自己評価や自己イメージが高まることが前提として必要になるのです。

個別指導のベースとして、「子どもの自己評価を高めること」が意識できていないといけないのです。

25 子どもの特徴が短所になるか長所になるかは、個別指導次第

問題児がいるのは学級経営の問題

荒れた学級や学年には、決まって荒れの中心と目される子がいます。ところが、その子を担任してみると、すばらしい個性の持ち主であることが少なくありません。長所がたくさんあるのです。

乱暴だと言われる子は、正しいと思うことは反対意見が出ても貫く強さがありました。いつも暴力をふるうと言われた子は、話下手なところはありましたが、先頭に立って躊躇なく取り組むことができる熱意をもっていました。

暴言を吐いてトラブルばかり起こすと言われた子は、友だちをよく観察して、人の意見を調整することが得意でした。

ここからわかるのは、**「問題児」という絶対的な存在がいるのではない**ということです。単にその教師の学級経営から外れてしまった子が問題児になっただけの話です。別の教師の学級経営では、問題児どころか、リーダーとして活躍することもあるのです。

その教師の学級経営からはみ出してしまったからこそ、教師が主観的に問題だと感じているに過ぎません。だから、問題児がいるのは、教師の学級経営の問題なのです。

人は、それぞれ長所や短所をもっています。長所を生かすことで、短所は目立たなくなります。だからこそ、長所を集団の中で生かす方向で考えなくてはなりません。

また、去年まで短所と言われてきたことが、今年は集団の中で生かせることがあります。その場合は、短所を長所と考えて、集団の中で生かすようにすればよいのです。

４月最初の個別指導

私がよくやってきたのは、４月最初に、個別に話をすることです。

「この学級をよくするために、どうしたらよいと思いますか？　教えてほしいな」

「〇〇さんが、この学級でこんな役割をしてくれることを先生は勝手に期待しているんだけど、どうかな？　少し心にとめておいてほしいな」

学級開きからしばらくして、いきなり個別でこんな話をするのです。

伝えたいのは、次の2つです。

この学級をよくするために考え、行動してほしいこと。

君に期待しているから、その思いをわかってほしいこと。

子どもはこんな話をすると、決まってびっくりします。

驚いていますが、あまり悪い顔はしません。

全員に面談をすることもあれば、特定の子だけを呼んで話すこともあります。

去年荒れていた子を呼び出すときは、「また怒られるのか」「何かまずいことしたのか」

と警戒して来ます。

でも、2つの話をすると、まんざらでもない表情で帰って行きます。

もちろん、すぐに行動が変化しないこともあります。でも、子どもは思っています。

「先生は自分のことを気にかけてくれている」と。

期待する役割は、子どもの特徴（長所や短所）を生かすことでした。

いつも騒がしいと言われていた子には、

「話し合い活動をするときに、たくさんの意見を言ってくれることを期待しているのだけど、どうかな？」

とすすめます。

いたずらや悪さの中心になると言われていた子には、

「みんなを引っ張れる人がよい方向に舵を切ったら、みんなもそっちについていくと思う。クラスの舵取り役になってくれることを期待しているんだけど、どうかな？」

とすすめます。

教師がその子に求めている役割を、その子自身が意識できるようにするのです。

②個性を尊重しつつ、個性を育てる

どんな人でも、集団に貢献するのは気持ちがよいものです。みんなの役に立っているという実感をもつのは気持ちよいことです。ピグマリオン効果の例を出すまでもなく、だれかに期待されていると、それに応えたいと思えるものです。

そこで、定期的に子どもを呼び出して、感謝の気持ちを伝えます。

「ありがとう、君のおかげでみんなのやる気が全然違うよ。高まったよ、ありがとう」

「先生が以前、『こんなことをやってみない？』と提案したときに、賛成してくれて、みんなの先頭を走ってくれたこと、すごくうれしかったです。ありがとう」

悪い行動があっても、ひとまず置いておき、よかった事実だけを取りあげて認めます。子どもはパッと笑顔になります。そして次もがんばることを約束してくれるのです。

ときどき個別に呼んで、大切にしてほしい生き方を語ることも有効です。

「まわりの人に貢献できる、学級に貢献できる行動こそが大切なんだ」

「人が自分に何をしてくれるかではなく、自分が人に何ができるかを考えよう」

「まわりの評価を心配するのではなく、自分が正しいと思う方向に向かえばいいんだ」

子どもの個性を伸ばすには、教師自身が子どもの個性を尊重しないといけません。

子どもは、短所を長所だとは思っていません。何かに生かせるとは思っていないのです。

だから教師が、**短所も長所なのだと気づかせていくことが大切になります。**

子どもの中には、自分の長所にさえ気づけていない子がいます。その場合、「こういういいところがあるよ。助かっているよ」と、子どもに伝えないといけません。

個性を集団の中で生かすことで、他の子どもも学びます。

「○○な子だと思い込んでいたけど、実は結構すごいじゃん」と。

ある子は、おもしろい着想を次々と言うので、まわりから変な子、変わった子という評価を受けていました。確かにまわりが思いつかないようなアイデアを次々と言うのです。

それが突拍子もないことなので、まわりがついていけず、「変なこと言っている」というレッテル貼りにつながっていたのでした。

しかし、私はそれをすばらしいアイデアを次々と考えられる長所だと出会ったときから思っていました。すばらしいと本気で思っていたのです。だから、だれも思いつかないような意見を言ったとき、真剣に耳を傾けていました。

そして私が困ったとき、何かに悩んだときに、その子に相談するようにしていました。

「話し合いがなかなかまとまらないんだけどどうしたらいいと思う？」

「次の学校祭で準備物が全然足りないんだけど、どうしたらいいと思う？」

こうやって真剣に相談するのです。するとそれを見ていたまわりの子は思います。

「いつも突拍子もないことを言う子に先生が真剣に相談している。あの子は実はすごいんじゃないか」

教師がその子の個性を尊重していれば、まわりの子も個性を尊重するようになります。

やがては、一人ひとりに個性があり、そして、その個性は尊重すべきだという姿勢が育っていくのです。教師がやっていることがそのまま鏡のように子どもに現れるのです。

26

個と集団の利益を両立させるカギは、トライ&リフレクション

≫ よりよい学級をつくるためのアイデア

よりよい学級をつくるために、子どもも学級づくりに参画します。

その取組の中で、学級をよりよくするアイデアを話し合わせることがあります。

「○○な学級にしたい」「○○を実現させたい」といった、「達成したいこと」を話し合わせるのです。

子どもは実に様々なアイデアを出します。

そのアイデアが練られていなくても、できるだけ採用し、試しにやらせてみます。

むろん、うまくいかないこともあります。

ですが、**「自分たちでよい学級をつくる」という意識変革を起こすには、「任せる」こと**

が必要です。

話し合いでは、毎回何らかのテーマを設定します。

例えば、「休み時間にみんなが仲良く、楽しく過ごせるようにしたい」などのテーマが子どもから出されます。

そのテーマに沿って、アイデアを出させるわけです。

ところが、話し合ってみると実は難問であることも少なくありません。この場合「みんなが仲良くなり」かつ「みんなが楽しく過ごせる」ようにならないといけないのです。

「学級のまとまりのためには、全員遊びをした方がよいだろう」という意見が出ます。

これに対して、反対意見が出ます。

「休み時間に読書をして過ごしているのが楽しいから、全員で一緒に何かをしなくてもよいのでは？　それぞれがやりたいことを見つけて、何人かで一緒に過ごせばよい」

こうして、話し合いは紛糾します。「全員で遊ぶか、チームに分かれて遊ぶか」をまず決めないといけないことに気づいてきます。

さらに、「みんなが仲良く」をどう実現するのかが問題となってきます。「チームに分かれて遊ぶと、みんなが仲良くなれるのか？」という疑問が出されるのです。そこで、遊ぶメンバーを定期的に変えるとか、ときどきは全員で遊ぶといった意見が出されます。

話し合いの中で、**「集団の利益と共に、個人の利益を認めなくてはならない」**ことが、だんだん理解されてきます。そうして、解決の目処も立ってきます。

ところが、また別の角度から意見が出されます。

「全員で遊ぶときに、その遊びをしたくない人はどうすればよいのか？」

ここで、**「個人の自由をどう考えるのか」**が問題となってきます。個人の自由と集団の利益が相反する場合はどうするのかが問題になるわけです。

再び、話し合いは紛糾し始めます。

こういうときは、１００点の答えが出なくてもかまいません。

1時間の話し合いで方向性を決めて、とにかく実践してみるように言います。

「今回はこういう結論でやってみましょう」

と、**生兵法でよいので決めたことをやらせてみる**のです。

悪いアイデアだと、１週間もすれば、すぐに欠点が見えてきます。

それをまた話し合って、よいものに変えたらよいのです。

ただし、話し合いを重ねると、徐々に当たり障りのないアイデアに落ち着きがちで、最初の大胆な意見の方が意外と大きな効果を生むことが少なくありません。

≫ とにかく実行してみる

ある年、「休み時間にあまり遊んだことがない人と、チームをつくって遊ぶ」という意見が出たことがあります。

普段遊ばない人と４～５人のチームをつくり、休み時間を過ごすわけです。チャイムが鳴るとチームで集まります。そして、「休み時間に何をして過ごすか」を話し合い始めます。

すぐに決まるチームもありますが、何をして過ごすかの話し合いだけで休み時間が終わるチームもあります。後から振り返ると笑い話ですが、本人たちは真剣なのです。自分たちが責任をもって考えて、何とかよい学級をつくるために行動し始めます。失敗しても、大きな経験になるのです。

アイデアをとりあえず実践してみて、後から、少しずつ改訂していけばよいのです。

つまり、**先にルールを細かくつくるのではなく、まず実践してみる**のです。

これは、サッカーやラグビーの考え方と同じです。もともとサッカーやラグビーは、ルールのない無茶苦茶な状態で始まりました。

だんだんと、ゲームがおもしろくなるようルールが加わったのです。今でもルールは改正され続けています。よりおもしろくなるように、ルールは後から加わるのです。

学級自治も同じような側面をもちます。話し合って、決めて、まず実践してみるのです。実践後には、ルールが追加されたり、改正されたりして、結局は「ときどきはみんなで遊ぶ」「一人の人がいたら声をかけて誘う」といった平均化されたアイデアになって落ち着きます。

結局、話し合う前に戻ったのです。しかし話し合いに意味がなかったとは言えません。**個人の利益と集団の利益の両立を考える貴重な経験になった**のです。

話し合って実践し、試行錯誤したからこそ、実感として理解できたのです。

一年後、「普段遊ばない人と遊ぶという1か月がとてもスリリングでおもしろかった」という感想が多く出されました。このときほど集団の利益や個人の自由について考えたことはないという感想もありました。

》 反省を次の取組に生かせるようにする

グループでの活動の後は、振り返りをさせることも大切です。

単に、うまく活動できたかどうかを振り返らせるだけではありません。

集団で動くときに、自分の行動はどうだったかを振り返らせ、「メタ認知」させることが大切です。

グループで活動した後で、「活動が気持ちよくできるためには何が必要か」などと尋ねます。どんなときに気持ちよく活動ができたのかを振り返らせるわけです。

すると、「文句を言わずに、アイデアを実行する方が気持ちよい」とか、「アイデアを否定するより、よりよくする方法を考えた方がよい」「失敗しても、がんばったことに感謝されると気持ちがよい」などといった「価値観」が出されます。これを共有します。

授業に関しても同じです。グループで調べ学習をするとして、どんなときに調べ学習がよりうまくできたのかを振り返らせます。「それぞれが責任をもって分担した内容を調べてくる」とか、「複数の情報を調べてくるとより理解が深まった」などという意見が出されます。

こういった価値観を共有させたらよいのです。徐々に、個人の利益と集団の利益の両立を考えつつ、全体のために行動しようという「協調」の姿勢が身についてきます。

27

人間関係の固定化を回避するポイントは、「弱い絆」

》子ども集団のネットワーク

学級集団は、どのようにしてまとまっていくのでしょうか。

最初は個々の絆（つながり、関係性）が弱く、ただ集められた「群れ」の状態です。同じ学級に仲のよい友だちがいる場合は、そこの絆だけが強い状態です。

そこで、１学期初期は、教師がグループ活動を用意し、絆の強化を図ります。すると、やがて、「クラスター」（絆ができた一団）ができるようになります。

このクラスターは、小学校の低、中学年ぐらいなら、単に同じ遊びが好きとか、同じ趣味をもっていることで生まれます。高学年以上になると、「同じような考え方」「同じような性格」などの「人間性」が重視されるようになります。

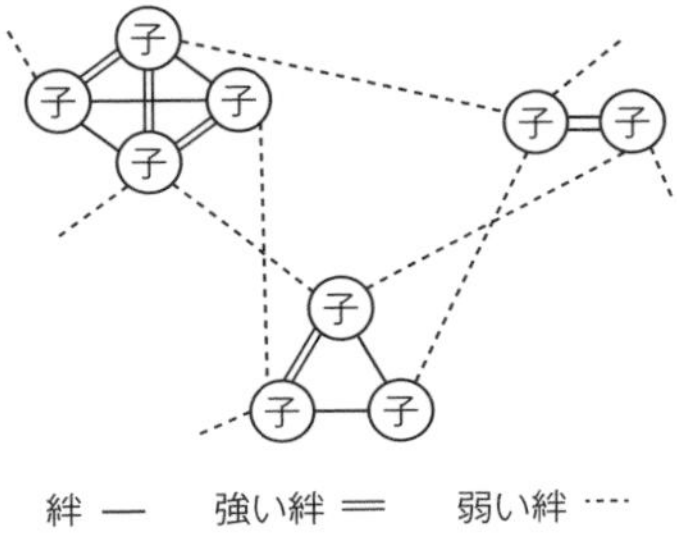

子どものネットワーク

一つひとつのクラスターは、上の図のように、「絆」や、「強い絆」で互いに結ばれています。

ここで、もう1つ注目してほしいことがあります。

それは「弱い絆」です。弱い絆で、別のクラスターとつながっている子がいるのです。

この子は、**クラスターとクラスターをつなげる「ハブ」の役割**をしています。つまり**「顔の広い子」「いろいろな人とかかわっている子」**なのです。

昔からの実践で、閉鎖的なグループを壊す指導があります。高学年以上で、強固な絆で結ばれたグループができることがあります。このグループが閉鎖的になり、孤立していくのを防ぐため、あえてそのグループを解体するよう働きかけるのです。

しかしこのやり方は、子どもから不信を買うことがあります。自然発生的に絆が生まれているのですから、無理に壊す必要はないわけです。

むしろ、今あるグループを大切にしながら、弱い絆に注目すべきです。

弱い絆によって、クラスターとクラスターはつながっています。弱い絆があるからこそ、クラスター同士が影響を受け合っています。**あるクラスターが前向きになってがんばろうとすると、そのがんばりが他のクラスターにも波及していく**わけです。

この弱い絆をたくさんつくっていくことで、集団はよりまとまっていきます。

弱い絆をつくる方法

弱い絆をつくる方法は様々です。

私が毎日のようにやってきたのは15分ほどでできる協力ゲームです。できるだけ高い塔をつくる、無言で同じ番号のグループをつくるなど、様々なアクティビティがあります。

コミュニケーションの時間をとることも有効です。例えば、自分の最近の出来事を話す時間をとります。隣の席の子や、同じ班の子、ランダムにペアを組んだ子などに向けて、自分のことを話します。テーマは毎回決めておきます。「最近楽しいと思ったことを話しましょう」「最近の出来事を話しましょう」といった具合です。すると、思わぬところで同じ趣味や考え方に気がつきます。

他にも、目的別にグループ活動をさせることも効果的です。目的別ですから、いつも一緒に過ごしている友だちとは別のグループになりやすいのです。学習発表会なら、体育の実技を見せたい人、理科で実験を見せたい人、英語で劇をやりたい人など、目的別にグループを組ませます。

学級をよりよくする活動も、目的別にグループをつくらせます。「みんなが気持ちよく過ごせるアイデアを実践しよう」というテーマなら、美化、レクリエーション、ほめ合いなど、いろいろなアイデアを考えて、グループで実践させるのです。

こうして教師が意図的に働きかけると、弱い絆を基にして新しい人間関係が生まれてきます。一緒に何か学級のためになるアイデアを考えよう、一緒に係活動をやってみようといった、新しい動きが生まれてきます。**学級の人間関係に流動性が出てくる**のです。

【参考文献】

・『２人から１００人でもできる！　15分でチームワークを高めるゲーム39』ブライアン・コール・ミラー（著）、富樫奈美子（翻訳）、ディスカヴァー・トゥエンティワン、２０１５
・『新ネットワーク思考　世界のしくみを読み解く』アルバート・ラズロ・バラバシ（著）、青木薫（翻訳）、NHK出版、２００２
・『スモールワールド・ネットワーク〔増補改訂版〕　世界をつなぐ「６次」の科学』Duncan J. Watts（原著）、辻竜平（翻訳）、友知政樹（翻訳）、筑摩書房、２０１６

28

過渡期の混乱を避けようとすると、集団はいつまでもまとまらない

≫ 集団がまとまるには、過渡期の混乱がつきもの

弱い絆をたくさんつくるために、様々なグループ活動を取り入れるべきと述べました。このグループ活動で頻繁に行うことになるのが、目的別のグループ活動です。

授業でも、グループ学習を行うことがよくあります。他にも、係活動やイベント、学級をよりよくするための活動、学習発表会、学芸会などでも、グループ活動を行います。

やりたいテーマに沿って、同じ目的をもつ子が集まるわけです。

目的別ですから、いつも仲良くしている人とは別の人とチームを組む場面が増えます。

今までに話したことがない子とも組みます。また、苦手意識のある子とも組むことがあります。

あるとき、おとなしいA男とやんちゃなB男が同じグループになったことがありました。男子はグループに二人だけ、あとは女子が二人だけの四人グループです。

初日のグループ活動を終えた放課後に、さっそく保護者から相談がありました。

「苦手な子と同じグループになってしまった。本人が嫌がっている。すぐにグループを変えてほしい」

それが相談内容でした。話をよく聴くと、やんちゃなB男が「あれをやれ」「これをやれ」と、いつもの強い口調で言うので、A男が困ってしまったとのことです。

B男にとっては、日常的な会話のつもりで話しかけます。

「速くやれよな！」「もっとうまくかけよな！」

これに対して、「なんてひどいことを言うんだ」とA男が傷ついてしまったのです。

私はここで、A男の保護者に少し待ってほしいと伝えました。

「私が見ていますから大丈夫です。まもなく、力を合わせられるようになります」

今までに接点のなかった子が集まれば、少々のすれ違い、軋轢は起きるものです。でも、その中で学べることがあると考えたのです。

次の日からA男は、あからさまに、B男を避けていました。

「もう顔を合わせるのもとんでもない。目を合わせるのもとんでもない」といった調子なのです。「自分とは住む世界が別だ」と言わんばかりです。

しかし、たった4人のグループです。無視する、話さないというわけにはいきません。またしばらく活動していると、「A男が泣いてしまった」と、B男が報告に来ました。B男は、「まずいなあ、先生に怒られるなあ」という顔をしています。

ここで、二人から話を聴きました。お互いのすれ違いを整理するためです。A男の考え方、B男の考え方を整理して、翻訳しながら、相手に伝えるわけです。

2回目の活動も、B男があれこれと強い口調で言ったとのことでした。B男は、それぐらいの言葉で傷つくとは思わなかったと答えました。A男は、強く言われると悲しくなること、もっと優しく言ってほしいこと、そして、もっとよいところを見てほしいことを主張しました。

B男は、もう少し優しく言わないと傷つく子がいることを学びました。

A男には、ひと言つけ加えました。それは、B男に対等の立場で要求することです。「これをやって」とか、「この方がいいよ」と要求するよう言ったのです。時には突っ込みも入れてよいと言いました。「なんでだよ」とか「それはまずいだろ」と突っ込みを入れるようすすめたのです。

それでも、トラブルはまだまだ起きました。毎回同じトラブルです。「B男が言い過ぎた、A男は言い返せず泣いてしまった」ということです。そのたびに話を聴きました。教師が話を聴くことで、互いの言いたいことを相手に伝えることができました。お互いの思いや言い分は、相手に伝わり、誤解やしこりは残らなかったのです。

こうして、A男は徐々に乱暴なB男のことを理解できるようになり、普通に話せるようになってきました。それどころか、B男のよさも見えてきました。積極的にみんなをリードできるのです。

B男も、すぐに泣くA男のことを「めんどうな人」と思っていましたが、だんだんとA男のよさが見えてきました。繊細だけど、やることは丁寧、ユーモアもあります。自分の考え方を相手に伝えてみると、互いのことがわかってきます。自分とは違うよさがあることが理解できてくるのです。

こうして1つのイベントが終わるころには、A男はB男に突っ込みを入れられるようになっていました。「なんでだよ!」と楽しい調子で言えるようになったのです。

こうして二人は学びました。

「コミュニケーションをとってみると、相手のことがよくわかる」
「協力できないと思っていた人とも協力できるし、活動を成功させられる」
大切なことをA男もB男も学んだのです。**もし最初の段階でグループを解体していたら、この学びもなくなるところでした。**

A男の保護者には、「トラブルばかりですみません」と謝罪しながら、報告する毎日でした。

ですが、最終的には、保護者も、「本人の自信がアップした。本人が満足したと言っている」と喜んでくれました。

こうして普通に話せるぐらいの絆ができたのです。休み時間の二人の様子を見ていると、「あのとき一緒に1つのプロジェクトを成功させたよな。同志だよな」といった調子の話しかけ方になっているのです。弱い絆が生まれてきたのです。

こうして、学級に無数の弱い絆が生まれてきます。ハブとなれる子が増えてきます。

軋轢や衝突を恐れていたのでは、相手のことを理解するという気持ちよさも、自分とは違うよいところに気づく喜びも経験できません。

集団がまとまるまでの過渡期の混乱を受け容れる。

教師がこのような姿勢でいる必要があります。子ども同士が平等な状況であっても起きるトラブルを、教師が先回りして回避したりする必要はないのです。

もちろん、**差別やいじめを防止したうえでの混乱でないといけません。**力のない教師は、いじめや差別をなくす手立てを講じることなく、弱肉強食の人間関係の中でのトラブルを招いてしまいます。これは、深刻ないじめにつながり、命の危険さえあることです。

29

教師の働きかけだけでは、悪いレッテルは剥がせない

》レッテルを剥がす

まわりの友だちからの評判がとても悪い子がいました。

「わがままばかり言う」「場にそぐわない言動が多い」「一人の世界にこもっている」とまわりの子が言うのです。

そして、それが自然と教師の耳にも入ってくる状況でした。

ところが、4月からよく見ていると、その子のよいところがたくさん目につくのです。

「丁寧に課題に取り組む」「まわりの人の気持ちを考えて、優しく接する」

このようなよさが目立つのです。

しかし、子どもの世界では、一度貼られたレッテルは強固です。

特に、何年も一緒に過ごしてきた子のレッテルは、なかなか剥がれません。「こういう子だ」と思い込んでしまっているのです。

そして不思議なことに、「こういう子だ」と思い込むと、思い込み以外のことは見えなくなるのです。**思い込み以外の情報は、重要でない情報として意識に上がらないから**です。

はじめて出会った教師にはよいところがたくさん見えているのに、一緒に何年も過ごしてきたまわりの子たちには、見えなくなってしまっているのです。

何もしないままでは、このレッテルは一年経っても変わりません。

私がやったのは、簡単なことでした。

その子のよいところを、本人に伝えるだけでなく、その子がいないところで他の子に聞かせたのです。

「○○くんは、こういうアイデアを考えていてすごいなと先生は思っている」

「○○くんは、こういう優しいところがあって、いつも感心している」

このように、まわりの子に、その子のよさをアピールしたのです。しかも、**真剣な表情で**です。

つまり、まわりの子のレッテル貼りと逆のこと、**「この子はすばらしい」と思い込み、**

その思い込みに合致する情報だけ伝えたわけです。

すると、今度は反対のことが起きます。

つまり、教師の新しいレッテルの方に意識が向くので、その新しいレッテルのことが目に映ってくるのです。その結果、古いレッテルは徐々に剥がれていきます。ただし、**一度に剥がれるわけではなく、薄皮をはぐように、徐々に剥がれていきます。**数ヶ月も経つと、よいレッテルの方にまわりの子の意識は向かうようになります。

≫ 子どもの個性を発揮させるための「ほめ合い」

悪いレッテルを剥がすことは、教師が意識さえしておけば、様々な場面でできます。

例えば、授業でいつも突拍子もない意見を言う子がいるとします。

「また変なことを言い出したよ」「いつもふざけてるんだから」

まわりはこんなことをつぶやき、あきれた顔をしています。

ここで教師がすかさず、「いや、〇〇くんはすごく深く考えているところがある。すごい意見かもしれないから、先生も考えてみるよ」と、真剣な表情で言うのです。

すると、教師が思い込んでいる「〇〇くんは本当はすごいんだぞ」という考えが、まわりの子にも浸透していくのです。だんだんと、「○○くんはすごいんじゃないのか」という反対のレッテルが貼られていくのです。

こうして、徐々に悪いレッテルを剥がされていきます。

さらに効果的なのは、**教師がほめるだけでなく、友だちにほめてもらうこと**です。

友だちにほめてもらう場を用意することは、たくさんの効果を生みます。

ほめられたらうれしいのはもちろんですが、学級によいムードをつくることができます。

しかも、「人のよいところに注目させる効果」が生み出されます。

具体的には、「この子はすごいんだぞ」「こういうよいところがあるんだぞ」と日常的に紹介しておきます。そのうえで、「子ども同士のほめ合い」の時間をとります。

以下のような流れで行います。

---

①班の人など、近くにいる友だちとペアを組む
②その友だちのよいところ、がんばっているところを思い出し、紙に書く
③それを本人に直接伝える

10分程度でできるので、帰りの会の時間などで行うだけでかまいません。子どもたちには「小さなことでかまわない」と伝えておきます。それぞれの子が、友だちのよいところ、がんばっているところを思い出します。そして、本人に直接伝えるのです。

また、次のような「振り返り」も効果的です。

①学級で最近あった、うれしかったこと、感謝したいことを思い出す
②それを班のメンバーに伝える

「うれしかったこと」「感謝したいこと」を思い出しているうちに、学級のよさや、友だちのよさなどに気づけます。それを班のメンバーに伝えていくのです。

細かなことですが、**聞き役の子どもは、「真剣に」「うなずきながら」「黙って」聴くようにと言っておきます。**「傾聴」に努めさせるわけです。自分の話を傾聴してくれるとうれしいものです。話す方も饒舌になります。また、自分が話す内容に集中できるということもあります。

このような「ほめ合う」時間を用意していくと、子どもたちの行動に変化が起きます。悪いレッテルへの言動が目立つのと、反対のことが起きるのです。すなわち、友だちのよい個性の方に意識が向き、それをほめたり、認めたりできるようになるのです。その結果、どの子も自分の個性を伸ばせるというわけです。

有名な「ジョハリの窓」の考え方※では、「自分では気づいていないけれど、他者から見える自己」があります。**教師や友だちからほめられることで、本人も自分のよさにはじめて気づくことがある**のです。

だからこそ、教師はその子のよさを探して、それを本人にもまわりにも伝えるべきなのです。

なお、目標を考えさせるときに、「高い目標」を考えさせているのも同じ理由です。つまり、未来のゴールを、今の自分では到達できないほど高いものに設定しているのは、まだだれにも知られていない自己に自分で気づくためなのです。

高いゴールや目標を設定すると、それに向かって努力する必要が生じます。すると、新しい自分に気づく可能性が高くなるのです。

個別にそれぞれが高い目標に挑戦している状態でほめ合いを用意することで、新しい個性に気づかせることができるのです。

※人には「公開された自己」(open self)、「自分だけ気づいている自己」(hidden self)、「自分では気づいていないけれど、他者から見える自己」(blind self)、「だれにも知られていない自己」(unknown self)の4種類の自己(窓)があるという考え方。
Group Process: An Introduction to Group Dynamics (3rrd. Ed.), Joseph Luft, Mayfield Pub Co, 1984

第6章

本当は大切だけど、誰も教えてくれない

［学級経営と授業］6のこと

30 偶発的な学びでは、「できる・楽しい」授業は実現しない

≫ 荒れていた子も授業で変わる

毎年のように荒れていた子も、授業が「できる・楽しい」と感じるようになると、前向きさが現れるようになります。

それは、がんばれば成長できることが実感できるからです。自分の可能性を感じられるからです。自信が高まったからこそ、前向きになってくるのです。

通常、荒れた行動は、注意や叱責で、「統制」しようとするはずです。

しかし、力のある教師は違います。荒れた行動を改善するために、その子に「自信」をつけようとするのです。自信をつけることで、前向きさを引き出そうとするのです。

学級経営において、子ども集団をまとめ自治に導くことと、授業が密接にかかわってい

るのは、このような点にあります。授業で自信をつけ、前向きさを引き出すことができるのです。

》授業でまず実現したいこと

さて、授業の最低条件は、「できる・楽しい」ことです。

特に、「できる」授業は、何を置いても実現しなければなりません。

授業を終えて、子ども自身、「できるようになった」「向上した」と実感できないといけないのです。

しかも、全員が実感できるように手を尽くすのです。

漢字テストなら、平均点が95点を超え、算数のテストなら平均点が90点を超えるということです。

小学校3年生なら、水泳25m完泳率が90％を超えるということです。

国語の音読なら、全員がスラスラ読めるようにします。言葉で言うのは簡単ですが、実際に文字通り全員がスラスラ読める学級はなかなかありません。全員がスラスラ読めるだけで、すばらしい授業ができていることがわかるほどです。

そういったことは教育理論と教育技術・方法を学べば誰でも実現できます。

ただし、「できる」と感じるようになっても、その教科を嫌いになるのでは困ります。例えば、競争をあおると、学力が高まることがあります。ところが、無理に学習を重ねた結果、その教科を嫌いになってしまうこともあるのです。

そのため、授業では「楽しい」面も必要になります。

「楽しい」というのは、「知的に」楽しいという意味です。

もう少し具体的に言うと、**気づかなかったことに気づけたり、認識の飛躍をもたらしたりする授業**のことです。

知的に楽しい授業も、教育理論と教育技術・方法を学べば誰でもできます（例えば、拙著『プロ教師直伝！　授業成功のゴールデンルール』や、『ＷＨＹでわかる！　ＨＯＷでできる！　理科の授業Ｑ＆Ａ』などに示しています）。

例えば理科なら、

「山は何でできているかな？」

「山はどのようにしてできるのかな？」

と発問します。

子どもは「山は土でできている」と漠然と思っています。また、「山はもともとそこにあるものだ」と思っています。山が「できるもの」とは思っていません。

しかし、山によって、構成されている岩石には違いがあります。また、山のでき方には、様々な原因があります。火山活動や断層、隆起、浸食などです。

調べていくと、「テクトニクスが関係している」ということがわかります。プレートやプルームが流動していることがわかり、空間的な視点で理解できるのです。

さらに、山は時間が経つと平坦になり、また山に戻ることがわかります。つまり、時間的な視点で、「山は輪廻転生している」ということが理解できるのです。

新しい視点を与えられ、気づかなかったことに気づき、最後には、「山は輪廻転生している」という認識の飛躍が得られます。

これが、知的に楽しい授業です。

つまり、「できる授業」も「楽しい授業」も、だれでも実現可能なのです。

ただし、**教師の指導性を発揮しないと、どちらも実現は不可能**です。子どもに学習を任せ、偶発的な学びを期待するようでは、絶対に実現しません。意図的・計画的・組織的に授業を行うことが必要になります。

そのため、経験の少ないうちは、自分で授業を一からつくるのは困難です。すでにある実践を「追試（真似）」することから始めるのが効果的です。真似することで、教育技術・方法を学べ、しかも「できる・楽しい」授業を保障できるのですから、一石二鳥です。

特に、荒れた子どもには、4月最初に、何としても成功体験を用意しないといけません。荒れた子どもの自己イメージは、とても低くなっています。

「自分はどうせできない」

「勉強しても仕方ない」

そう面と向かって言う子がいるぐらいです。

自分にあきらめが出てきているのです。

1回や2回の成功体験だと、偶然と思えてしまいます。しばらくすると、テストで0点をとるようになり、去年までの平均点に戻ってしまうのです。

そうではなく、3回目も、4回目も100点に近い点数だったらどうでしょうか。

しかも、テストだけでなく、他のこともできるようになっているとしたらどうでしょうか。

「これは偶然のはずがない。本当に自分には力があったのだ」

と思えるはずです。

荒れた学級、荒れた子どもたちも、1か月もすれば自己イメージは変わってきます。

成功体験を連続的に保障することで、自信がつくからです。

この状態を、学級開きからできるだけ早くに実現しないといけないのです。

【参考文献】

・『山はどうしてできるのか　ダイナミックな地球科学入門』藤岡換太郎、講談社、2012

31 「協同学習」には、4つの段階がある

》段階を踏んで学ぶ経験を用意する

授業では、一人で問題解決させる場面と、協働によって問題解決させる場面があります。協働の学習（協同学習）によって様々なことが明らかになり、学習が深まった経験をさせると、次も協働したいという気持ちが生まれます。この経験が大切になるのです。

はじめの段階は、**だれでも参加しやすい簡単な活動**です。

簡単な例で言えば、「東」に含まれる「漢字見つけ」の課題を、4月に出します。よくある漢字パズルです。「二」や「田」など、「東」に含まれる漢字を探します。しばらくすると、「八」「六」「旧」など、離れた部分を利用した漢字が見つかります。

その発見に触発されて、「尺」「只」「兄」などの、別の漢字が見つかってきます。新しい漢字が見つかるほどに、子どもから「おお〜！」と感嘆の声が上がります。アイデアが交流されることで頭が刺激され、別の漢字が思い浮かぶのです。こういった活動を一度でも体験すると、子どもの意識は劇的に変わります。

「みんなで考えると、一人で考えるときよりも学びが深まった」

そして、「次もまた意見を交わしながら学習したい」と思えるのです。

続いて、次の段階に進みます。

この段階では、**一人では解けない「応用問題」**を、協働で解決させます。

例えば小学校6年生に、次の算数の問題を出します。

「遊園地に72人の行列ができています。毎分12人がこの行列に加わります。チケット確認場所が2か所のときは、18分で行列がなくなりました。チケット確認場所を3か所にすると、何分で列がなくなるでしょう」

ニュートン算の問題（一方が増え、一方が減っていくような問題）です。問題自体の意味は簡単です。簡単なので解けそうですが、ほとんどの子が解けません。意見も分かれます。みんなで話し合っているうちに、アイデアが交流され、正解に辿り着くことができます（答えは6分）。

ポイントは、**あまり難しい計算は必要ない問題にする点**です。問題の意味をつかんで、順序よく考えることが求められる、つまり計算自体は簡単で、発想や考える力が求められる問題を出すのです。

「一人では解けなかったけど、みんなで話し合っているうちに解くことができた」

これはうれしい瞬間です。

「みんなで学んでよかった」と、子どもたちは口々に言います。

続いて第三段階です。

みんなで力を合わせないと完成できない「多くの課題」を出します。

社会の歴史の授業なら、昭和の戦争にかかわる出来事を、日本と世界とでまとめて冊子をつくる作業を行います。この冊子を基にして、どんな出来事があり、どんな人が、どんな考えで、日本を導こうとしたのかを考えるわけです。

15年間の冊子をつくるとして、これは一人では到底できません。

いえ、学級全員でも、調べきれない量です。

最初は、「無理」「時間がかかりすぎる」「途方もない」と思えます。

ところが、

「○○を調べたい人？」

と尋ねると、

「そこは漫画で読んだから調べられそう」

「親戚に詳しい人がいるので聞いてくる」

「夏休みに戦争を学ぶ場所に行ったので書けそう」

といった反応が返ってきます。そして結局、分厚い調べ学習の冊子ができ上がるのです。

「歴史なんて大嫌いだ」と公言していた子や、去年まで授業をサボって脱走していた子も、「ここの章は君だけが頼りだから頼むよ」と言うと、１ページどころか、３ページも４ページも書いてきます。

こうして、分厚い冊子が完成します。

担当した章は、みんなの前で解説します。教師は子どもの解説を聞きながら、補足を加えます。教師の補足で、内容がよりしっかり伝わります。

結果として、一人で調べて学ぶよりも、何倍も勉強になります。こういった経験も大切です。


第四段階は、**討論**です。

討論とは、あるテーマを決め、そのテーマに沿って意見を交流する学習方法のことです。

先の歴史の授業なら、子ども自身の解説と冊子を基に話し合います。

「戦争しないで済む方法はなかったのか」

「途中で戦争を止めることはできなかったのか」

「どうやったら戦争を起こさずに済むのか」

などを議論していくのです。

結論がはっきり出なくてもかまいません。

自分の考えと相手の考えを交流して、学習が広がったり深まったりすればよいのです。

この第四段階をもって、子どもの意識は革命的に変わります。

「一人でできることはたかがしれているけど、集団で学習することで、学びは広がり、深まり、成果が何倍にもなる」

それを実感として学ぶのです。

ただし、集団（四人班から学級全体まで規模は様々）で学習する場合に注意したいのが、**「自由に意見が言える環境がある」**ということです。自由に意見が表明できないと、学習は広がりも深まりもしません。

つまり、学級の中で、「安心・安全」が確保されていないと、自由に意見の表明ができないのです。まして、人と違う意見や反対意見を言うと、相手から攻撃されるような「心理的な危険」があるなら、だれも意見を表明しようとはしないのです。

第一段階が一番実現しやすく、段階が進むにつれて、実現の難易度は上がります。それは、授業の難易度が高まるのに加えて、集団として成長できていないといけないからです。

32 自分で判断する力は、3つの思考法を鍛えることで身につく

》「自分で判断する力」とは

授業は、単に何らかの知識や技能を習得することだけが目的ではありません。

授業では、「学び方」や、「問題解決の仕方」「話し合いの仕方」などを身につけることも目的になります。未知の問題や解決が困難な問題も、仲間と協働しながら解決できる「思考力・判断力・表現力」を育てることが重要になるのです。

中でも、特に自立のためには、「自分で判断する力」が重要になります。

「権威のある人が言っているから従う」「多くの人がやっているから同じようにする」では、精神的な自立ができているとは言えません。**正しいことは何なのかを自分で判断できないといけない**のです。

自分で判断する力を身につけるには、授業が一番です。

授業で身につけた思考法を、生活でも生かせるようにすればよいのです。

思考法には、3つの種類があることが広く知られています。

論理的思考(ロジカルシンキング)、創造的思考(クリエイティブシンキング)、批判的思考(クリティカルシンキング)の3つです。

授業でもこの3つを意図的に鍛えるようにすればよいのです。

「自分で判断する力」をつけるために

まず、論理的思考とは、**データを基に、蓋然性の高い結論を導く思考法**です。

「こういうデータがある。だから、こういう判断をしよう」という思考法です。

例えば、総合的な学習の時間に、「学校や地域でどんな貢献ができるか」をテーマに話し合いをするとします。

貢献内容に答えがあるわけではありません。しかも、教師が答えを知っているわけでもありません。

すると、子どもたちは気づきます。まず何をするかを考えないといけないな、と。

そして「何をするか」を判断するには、「データ（事実）」が必要なことに気づきます。問題や困っていることを調査しないと、何に貢献すればよいかわからないのです。

そこで、地域の人や低学年、他の先生、保護者にアンケートをとり、データを集めるところから始めます。すると、困ったことのデータが集まってきます。

「運動場で水はけの悪いところがある」「側溝に落ち葉がたまっている」「見通しの悪い交差点がある」「公園の遊歩道が雑草で通れなくなっている」といった困ったことがわかってくるのです。

こうして、データから、貢献できることが見えてきました。

ところが、いざ行動するとなると、勝手に公園のものをいじってはいけないことに気づきます。関係機関に許可をとらないといけないのです。

こうして、アンケートをとり、許可をとり、行動します。行動した結果は、ネットや通信などで発信します。

これは、かなり日常生活に近い学習と言えます。学校を卒業して、地域に何か貢献しようとすると、まったく同じ行動を行うはずです。

しかも、子ども主体で問題解決を行っていく学習になっています。

このように、**「一から何をしたらよいのか考えさせる」学習経験を通すと、学習したことが、将来の自分に役立つと実感させることができます。**

子どもたちは、「何をしたらよいのか最初はさっぱりわからなかったけど、データを集め、やることを考えることから始めて、許可をとるとか、発信をするとか、やることもわかってきて、とても勉強になった」と言います。

続いて、批判的思考力を鍛える授業を考えます。

批判的思考とは、**「反対の立場で批判的に考えること」や「多面的に考えること」を意味する思考法**です。

自立には、この批判的思考が特に大切になります。

「先生こうした方がいいよ」「先生間違っているよ」といったことを堂々と言えるような子にしていかないといけないのです。いわば、学校が間違ったことをしていたら、「学校が間違っている」とはっきり言える子にしていかないといけないわけです。

外国の「とんでもない裁判」の記録が本になっています。そのような裁判記録を読んで、「ここの主張はおかしい」「この判断はどうかな」と批判的に検討する授業を行います。これは大いに盛り上がります。「とんでもない裁判」ですから、いくらでもおかしい主張があるわけです。

他にも、「昔話」の裁判をしてみるのもおもしろい方法の1つです。昔話には、「ここはおかしいな」と思える内容が少なくありません。ですから、**「反対の立場で考える」「多面的に考える」ことが自然と促される**のです。

批判的思考ができるようになると、高度な内容も、同じように考えればよいことがわかります。

「未来のエネルギーはこれでいいのか」

「歴史的に、本当にこの舵取りでよかったのか」

「新聞の主張の中で、事実と意見とを区別すると、何がわかるか」

そういったテーマでも、批判的に検討することが可能なのです。

「権威をもった人や機関が言っているから正しい」と鵜呑みにするのではなく、自分の頭で検討しないとわからないことを教えていくわけです。

そして、創造的思考力を養う授業です。これが一番難しいと言えます。

平たく言えば、**「アイデアの創造」を促す授業**です。

アイデアの創造には、たくさんのデータが必要になります。そして、そのデータからアイデアをつくり出す作業が必要になるのです。

よく行われるのは、**「データの蓄積＋ブレインストーミング＋考えを組み合わせて新しいアイデアを考えさせる」**というパターンの授業です。

創造的思考では、これが最もオーソドックスで、比較的簡単にできる方法だからです。

まず、アイデアを出すのに必要なデータを用意します。必要な情報を共有させるのです。

次に、ブレインストーミングで、様々なアイデアを出させていきます。**「とんでもない意見ほど貴重だ」と宣言しておきます。**

続いて、「討議」に移ります。様々なアイデアを基に1つの結論を導かせるのです。

だれかのアイデアを採用してもよいし、アイデアを組み合わせてもかまいません。

学級で行うお楽しみ会などのイベントは、この形の作業になるはずです。

お楽しみ会を考えさせるときに、「世の中ではどんなお楽しみ会が今までに行われたのか」のデータを示す教師はほとんどいません。

しかし、データを示すことで、ブレインストーミングに幅と深さが出てくるのです。

33

人の生き方に触れる授業は、学びに向かう力をはぐくむ

≫「学びに向かう力」をはぐくむ

授業では、子ども自身が前向きに「学びに向かう力」をはぐくむことも重要です。

そのために有効なのが、道徳や学級活動、総合的な学習の時間などで、「人の生き方に触れる授業」です。


紹介するのは、困難があっても前向きに生きようとした人のエピソードです。

「障害などのハンデを抱えながら、勉強を重ね、活躍した人」

「汚れた環境を改善するため、たった一人で活動を始め、美しい環境に戻した人」

「人との絆を大切にしながら、復興支援を続けている人」

そんな人の生き方に触れることで、子どもは前向きな生き方を追体験できるのです。

この授業の工夫はいくつかあります。

1つめは、**「自分だったらどうするか」を考えさせること**です。

例えば、エジソンの電球開発を紹介するとしましょう。当時、電球は開発されていましたが、フィラメントが弱く、点灯時間が短くて使い物になりませんでした。

そこでエジソンが、長く・明るく光るフィラメントを探し始めます。

紙の炭を使うと、早く燃え尽きてしまいます。1分ほどしか明かりがつきません。

では、他のものでやってみようと、ありとあらゆるものを確かめます。

友人の髭でも確かめる徹底ぶりです。日本の竹でも確かめました。

「みなさんなら何回ぐらい失敗しても、あきらめませんか？」

このように、困難な状況を自分に置き換えて考えさせ、追体験させるのです。

このときの失敗した素材の数は、3000とも6000とも言われています。こうして長く光る電球が発明され、「世界から夜が消えた」と称賛されたのです。

工夫の2つめは、**「逆風や失敗のエピソード」と「順風や成功のエピソード」を交互に紹介すること**です。

エジソンが、小学校に入学するも、鳥はなぜ飛ぶのか、1＋1はなぜ2になるのかといった質問ばかりして授業を妨害するとみなされ、わずか3か月で退学したことを紹介します。でも、その後、母親と猛勉強して、何とか勉強は事なきを得ました。

このように、「逆風・失敗」と、「順風・成功」の2つを交互に紹介するのです。

この両極端の振幅が大きければ大きいほど、子どもたちは強く心を動かされます。

人の生き方に触れる授業

郷土学習でも、人物の学習をするはずです。

例えば、津田永忠（1640～1707）は、人々の願いに応えるべく様々な社会貢献を行った人物です。

大河川（旭川）の洪水が頻発していたので、治水を行い、放水路（百間川）をつくりました。この放水路は、以後約300年にわたって、市街地を洪水から守りました。

他にも、大洪水や大凶作のせいで米がとれなくなってしまったため、新田開発を進め、用水の確保や干拓などを行いました。13年あまりで約2760haの大規模な新田開発を行ったのです。

成功の影で、困難もありました。例えば、放水路（百間川）を利用して新田開発を行おうとしても、河口付近で海への水の排出ができにくくなる問題がありました。また、せっかく新田開発のための干拓ができても、海に近い土地では、塩が吹き出してしまい、稲が育たない問題もありました。

このように、「逆風・失敗」と、「順風・成功」の両方のエピソードを紹介しつつ、「自分だったらどうするか」を尋ねていきます。

こうして、困難に立ち向かう人の生き方が少しずつ理解できていくのです。

同年代の人の生き方に触れさせるのも効果的です。

例えば、学級に視覚障害をもつ子が入学してきた学級のエピソードを紹介します。

「目の見えないその子は、授業をどうがんばったでしょうか」

「その子のために、学級のみんなはどんな助けを考えたでしょうか」

子どもは、他の子どもを見て感化されることがあります。

同年代ががんばっている事実、まわりの子が真剣に友だちのことを考えている事実に心打たれるのです。そして、「自分たちもがんばらないと」と思えてきます。

34

子どもが「高い目標への挑戦」に向かえるかどうかは、教師次第

≫過去ではなく未来を重視する

学級ピラミッドの頂点にある「高い目標への挑戦」を促すため、子どもに高い目標を設定するように言っていても、高い目標に向かって努力を続けることに不安を感じる子どももいます。

「本当に達成できるのだろうか」と心配になるのです。

よくある失敗は、目標（夢）を応援すべき教師が、目標をあきらめさせるような言動をしてしまうことです。せっかく高い志望校をねらって努力しているのに、その子の過去の成績だけから判断して、「無理ですよ」と進路指導してしまうようなことです。

教師はいつでも、子どものドリームサポーターでいる必要があります。

そのためには、**その子の「過去やその延長線上にある現状」ではなく、「未来」を重視し、支援していくべき**なのです。

自信のない子は、「漢字テストで100点をとりたい」「計算テストで100点をとりたい」といった、教師から見ればささやかな目標を立てることもあります。

しかし、最初の段階ではそれでよいのです。**「今の自分にとって精一杯高い目標を掲げる」ことが大事だから**です。

教師はその目標を把握し、実現のためにどういう努力を自分に課すのかを考えさせます。

漢字テスト100点が目標なら、「夕食の前に3問だけテストする」「テストで間違った漢字を練習する」といった具合に、日々努力することを決めさせます。

こういった手立ては、教師も一緒に考え、助言します。

もちろん、運動会で一位になるといった目標や、学校で一番勉強ができるようになるといった目標で、全員が達成できない場合もあるでしょう。

しかし、目標を達成できないまでも、それに向かって努力したことで、近づくことはできたはずです。教師はドリームサポーターとして、向上した事実を認め、励ましていかなくてはなりません。

≫「努力するほど向上した」という事実に注目させる

向上が実感できると、子どもは思います。

「努力を継続したら、目標に近づくことができた。自分の力も伸びた」と。

大切なのは、**「努力するほど向上した」という事実を実感させること**です。

誤解してはならないのは、**結果に注目させるのではないということ**です。

努力によって向上した事実に注目させるのです。

「何位だった」「何点だった」という結果ではなく、その結果を求める過程の努力によって、どのような力が向上したかに注目させる、ということです。

こうすることで、「結果ばかり気になって、地に足の着いた取組ができない」といったことがなくなります。

ポイントは、**定期的にその目標にどれだけ近づいたかを振り返らせること**です。

目標に近づいていると実感できれば、努力の仕方も正しいということになります。教師は、向上したことを大いに認め、励ましていきます。

たとえ目標に近づいていなくても、本人の能力の責任にしてはいけません。あくまで、努力の仕方が正しくなかったと判断し、その方向を変えさせるようにします。

このように、高い目標を自分で決め、それに向かって努力し、振り返りによって軌道修正を図る、という一連のプロセスを身につけさせていきます。

これは実は、人の生き方そのものです。

高い目標に挑戦をすると、毎日が充実します。そして、ときどき自分を客観的に振り返ることで、その挑戦はさらに価値のあるものになっていきます。

35

教師の激励だけでは、高い目標は達成できない

≫ 高い目標を次々に達成していく子どもたち

「子どもの努力」と「教師の指導」の両方が噛み合うと、大きな相乗効果が生まれます。

そして、子どもたちは、次々と高い目標を達成していきます。

「はじめて大プールに入る小学生。プール嫌いで、顔もつけられなかった子が、1か月後に100m以上、補助具なしでスムーズに泳げるようになる」

「運動障がいがあり、しかも水泳が苦手で5m進むのがやっとだった子が、市内の水泳記録会に出場して、50mをきれいなフォームで泳ぐ」

「人前で発表できなかった子が、学習発表会で、大人顔負けのプレゼンをする」

「音楽発表会で、音楽の苦手なスポーツ一筋の男子集団が、合奏でオルガンに立候補し、

全員が両手で難しい曲を弾けるようになる」

「陸上競技大会で、前の大会で入賞できなかった子が、次の大会で次々と入賞する」

「『通常の教育は難しい』と医師に言われた、特別支援を要する子が授業で活躍し、テストでも満点を連発するようになる」

このような成長のドラマが次々と生まれるのです。

高い目標を達成した子は、次もまた躊躇なく高い目標を設定するようになります。

そして、次の高い目標も達成していくのです。

このような事実が生まれるのはなぜなのでしょうか。

それは、**本人の「考え方」が変わったから**です。

「自分には力があり、高い目標を達成できる」

と信じることができたからです。


合奏曲のオルガンに、スポーツ一筋の子が20人近く立候補したときのことです。

このときばかりは、さすがにどの教師からも「これは無理なのでは」という声が上がりました。

両手でオルガンを弾くのは、短期間では無理だというのです。

普段高い目標を設定しようと声かけしている私ですら、「これはちょっと無理かも…」と思ってしまったほどです。

立候補したメンバーは、オルガンどころか、鍵盤ハーモニカすら満足に弾けなかったからです。

しかし、子どもたちは、これまでの経験で、「自分には力がある。今はできなくても、がんばれば高い目標を達成できる」と信じていたのです。

そして1か月の猛練習の末に、オルガンを演奏できるようになりました。毎日特別練習につき合った私は、この劇的な変化に目を開かされる思いでした。

子どもの成長の大きさは、教師の想像を超える。

そのことを、学校の教員集団全員が実感したのでした。

私たち教師は思わないといけないのです。

「いくらとんでもなく高い目標に感じられても、それを止める権利は教師にはないのだ」と。

考えてみると、高い目標を目指す方が、より一層の努力を要するわけですから、必然的に力も向上しやすくなります。

もちろん、何かの競技大会などで一位になるといった目標は、全員が達成できないこともあります。

しかし、あきらめずに挑戦し続けた結果８位までに入賞したり、入賞しないまでも記録を劇的に伸ばしたりすることができるのです。目標を達成できなかったとしても、成長を感じられたことに子どもは満足します。

「今まで生きてきて、この陸上大会への挑戦が最も心に残り、最も感動する出来事でした。自分は入賞できなかったけど、自分の力は伸びました。そしてみんなと一緒に高い目標に向かって挑戦することの気持ちよさを知りました」

入賞できなかった子も、そういう風に言うのです。

ある年、一度の作文で原稿用紙70枚書いて提出した子がいました。その子は、インフルエンザに罹ってしまい、宿題は免除されていました。にもかかわらず、これだけの量を書いてきたのです。

「今年、自分は成長できている。がんばりたいと思っている」

と言うのです。

このようなことが、教師が激励するだけで、実現するはずがありません。事実、私は再三、インフルエンザだから宿題を免除することを、保護者にも本人にも伝えていたのです。すべては、子どもの「考え方」が変わることから始まったのです。子どもの「考え方」が変わり、そして、「生き方」が変わったのです。

私たち教師も、「考え方」を変えないといけないのです。

教師の想像力の及ぶ範囲だけで子どもの成長を捉えることは、将来の可能性を大幅に狭めることなのだと気づかないといけないのです。

第7章

本当は大切だけど、誰も教えてくれない

[教師のマインドセット]7のこと

36 差別をなくしたければ、差別にフォーカスしてはいけない

〉〉差別構造はなかなか消えない

休み時間に子どもと遊ぶと、教室の中では気づけない「子ども社会の関係性」に気づくことがあります。

遊びの中で、立場の強い子が威張っていて、立場の弱い子が遠慮がちにしているのです。つまり、「差別構造」が見られるわけです。

子ども社会の差別構造は強固なものです。

教室では目立たない差別も、遊びの中では目立つことがあるのです。

差別構造をなくさないと、学級経営はうまくいきません。差別構造をなくし、子ども一人ひとりの平等性が保障されないといけないのです。

差別構造をなくすために私がよくやってきたのが、**遊びの中で、弱い立場の子のがんばりにフォーカスすること**です。

「○くんってすごいんだな～」と心から感動します。

「よくがんばってくれたよね。ありがとう」と心から感謝します。

「○くんと遊んだら楽しいね」と感想を別の子に伝えます。

もちろん、いろんな子のがんばりを認めるようにはしますが、**意識的に、特に弱い立場の子のがんばりにフォーカスする**のです。

不思議なことに、**教師がその子のがんばりを認めていると、他の子も「先生の言う通り、確かにあの子はがんばっているな」と思うようになってくる**のです。

これは、**頭の意識がその子のがんばりに焦点化されるから**です。意識することで、はじめてよさが見えてくるのです。

荒れた学級ほど、休み時間によくトラブルが起こります。

普通にサッカーやドッジボールをしていても、怒号が飛び交い、文句が入り乱れ、ケンカが始まるのです。

だからこそ、休み時間に教師が楽しそうに遊び、子どものがんばりをほめていると、効果は絶大です。

だんだんと、人の「よさ」に注目できるようになるのです。

差別構造をなくすためにやるべきこと

休み時間の教師の役割は、大きく2種類あります。

1つは、**ガキ大将のように仕切って遊びを盛り上げる役**です。

新しい遊びを教えるときや、遊び方を教えるときは、この役割を担います。

特に、荒れた学級で重要なのが、遊び方を教えることです。

「負けたっていいんだよ。遊びなんだから」

「まあ少々、わがまま言ってもいいんだ、遊びなんだから」

「負けても相手を称賛できたら器の大きい人だね」

「いつも同じ人と組むのではなく、いろんな人とチームを組む方が盛り上がるんだよ」

このように、遊びの心得を教えるわけです。やんちゃな子も、「へ～、そうなんだ」と話を聴いています。そして、教師自身がその通りに行動してみせるのです。

荒れている子も、「こういうふうに遊べばいいのか」と、遊び方を学んでいきます。

そして、だれとでも分け隔てなく遊ぶことの楽しさを体感するのです。

その体感があるから、望ましい遊び方が定着してくるのです。


もう1つの役割は、**単に遊びの仲間の一員として入るだけの役割**です。

仲間の一員なので、一番後ろから子どもについていきます。

このときは、あくまで遊びの一員ですから、子どもの指示の通りに遊びます。

言われるがままチームを組み、一番後ろから子どもについていきます。

この役のときに、ほんのちょっとの「差別構造」が目につくのです。

そこで、**この役のときは、子どもに感謝する言葉や感動の言葉を連発します。**

「助かったよ。ありがとう」

「危ないところを助けてくれてありがとう」

「今のおしかったよ」

「ナイスプレー!」

「今のプレーすごかったよ」

「○○くんと同じチームだと勝敗に関係なく楽しいね」

といった具合です。

対等の立場で言葉をかけるわけです。

一番後ろからついていっている教師が、文句を言わず、プラスの言葉を連発しているのです。しかも、立場の弱い子がいる場合は、その子のよさにフォーカスする言葉かけをするのです。

すると、子どもたちは思います。

「運動が苦手だと思っていた子も、バスケをさせるとすごいじゃないか」

「運動はできないけど、勝敗に頓着せず楽しく遊べていいじゃないか」

そして、どんな子にも、よいところ、楽しいところ、素敵なところがあることを理解していくのです。

こうして、結果として差別はなくなっていきます。

悪いところをなくすために、よいところにフォーカスするというのは、昔からの大原則です。

マザーテレサは、戦争をなくすのに、反戦集会に参加するのではなく、平和や愛を語る集会に参加すべきだと言いました。

差別的な言動とは何かを学ぶときは、差別にフォーカスするのもやむを得ません。でも、学習後は、差別にフォーカスせず、前向きな言動の方にフォーカスするのです。

子どもはだれかに学んで、差別をしています。

もともとは差別などしていなかったのです。人種や見た目の違い、何かができるできないで差別をしてはいなかったのです。

でもどこかで学習して、差別をするようになったのです。

それは何かのメディアから学んだのかもしれませんし、年上の集団を見てそうなったのかもしれません。

「差別をするな」と言い続けても、差別にフォーカスするだけです。

だから、差別をしないことを、教師自らが体現すればよいのです。

「だれとでも分け隔てなくつき合うとはこういうことだ」と実際に示せばよいのです。

37 子どもとの心の交流には、教師の言行一致が不可欠

「心の交流」の前提となるもの

その子に関心をもち、愛のある対応をする。
それが、子どもとの「心の交流」の前提になります。

「関心をもつ」を実践するには、日々のちょっとしたやりとりが大切になります。
有名企業の中には、ミーティングの前に、「休日の報告」から始める会社があります。休日に何をしていたのかや、旅行の様子を簡単に一人ひとりに尋ねるわけです。我が子とのサッカーの練習や、ゴルフのスコアなど、ありふれた休日の様子を一人ひとりが話します。このやりとりは、仕事とはまったく無関係に思えます。ところが、相手に関心を寄

せていることが伝わるので、チームに連帯感が生まれ、仕事の成果を高めるのです。

教室でも同じようなことを行っているはずです。

「夏休みに何をしていましたか？」

などと、一人ひとりに尋ねるはずです。

これには大きな意味があります。教師の「あなたに関心をもっている」という気持ちが子どもに伝わりますし、子ども同士も、他の人に関心をもつきっかけになるのです。

また、「愛のある対応」とは、その子に一番よいと思えるかかわりを選択することです。

愛の反対は「無視」と言われます。その子にとって一番よいかかわり方を考え、接していくことこそが愛なのです。

「問題行動の多くは、愛情の壺が満たされていないから起きる」と言われます。

例をあげれば、「愛着障害」の子が学級にいることがあります。愛着障害への対応の基本原則は、「愛のある対応」をすることです。

ただし、愛のある対応をすると、トラブルが急増するのも、愛着障害の特徴です。

急にわがままを言うようになったり、教師に対して悪態をつくようになったり、中には教師を避けるようになる子もいます。

これは**「愛が本当かどうかを試す行動」**と言われています。

無条件で愛を与えてくれるかどうかを試しているのです。しかも、信頼が増すほどに、試す行動も多くなります。**子どもは、信頼できる人にしかわがままを言わないから**です。

だから教師は、問題行動が増えたとしても、愛のある対応を続けなくてはなりません。

ただし、不適切な行動はなくす必要があります。

「教師を試す必要はないよ」「別の方法でも愛を確認できるよ」ということを教えないといけません。

そこで、「不適切な行動を減らすための対応」を試してみるのです。

もちろん、対応がうまくいく場合もありますし、うまくいかない場合もあります。

うまくいかない対応はすぐに止め、同じ失敗を繰り返さないよう記録しておきます。

そして、うまくいった対応を増やしていくのです。

しかし、1つの不適切な行動を減らせたと思ったら、別の不適切な行動をとるのが、愛着障害の特徴です。

それは、「関心を得たい」「かかわってほしい」という強い思いからくるものです。ですから、粘り強く「別の方法でも関心は得られるよ」と教えなくてはなりません。

この対応は、「幼児のわがままに、粘り強く付き合っている」かのような対応です。

しかし、**このようなわがままにつき合うことこそが、「愛のある対応」**なのです。

このように、愛着障害の場合は、とにかく教師がかかわり続け、適切な行動を増やしていくよう対応していきます。

ただし、ＡＤＨＤの子どもへの対応の原則は、愛着障害の子どもへの対応とはまるで違います。

ＡＤＨＤの子どもへの対応の原則は、「不適切な行動は無視して、適切な行動をほめる」ことです。**「無視」が望ましい対応**なのです。

要するに、**「愛のある対応」とは、「その子」本人のニーズに沿うこと**なのです。

子どもによって対応を変えていくという、当たり前のことができなくてはならないのです。

≫ 目標に向かって進む教師の姿を見せる

続いて、「心の交流」で大切になるのが、高いゴールに向かって進んでいる教師の姿を見せることです。

教師が目指している目標やゴールを子どもに伝えることが、子どもによい影響を及ぼすのです。

もちろん、子どもも自分のゴールを設定し、ゴールを目指します。

教師もまた自分のゴールを設定し、目指していけばよいのです。

そして、教師のゴールを子どもに伝えるようにします。

例えば、「学校からいじめや差別をなくす」「だれもが自由に自分の意見を表明できるような平等性を実現する」といったゴールです。

口で言うのは容易いですが、実現するとなると困難なゴールです。

行動で示す

そこで次に大切になるのが、伝えた目標やゴール、価値観の実現に向けて、行動することです。

例えば、次のような価値観を口にしたとします。

「場を清めると心も落ち着きますよ。教室をきれいにしましょうね」

ひとたび口にしたら、それを教師自身が実行しているかどうかが問題になります。「場を清めることが大切だよ」と言ったら、教師自身が場を清める行動ができているかどうかが、問われるのです。

言葉と行動が一致し、しかも率先垂範で教師が子どもよりも「先に」動くからこそ、信頼と尊敬を勝ち取ることができるのです。

また、「きっとうまくいくよ」「心配なんてしなくていい」といった楽観的なフレーズは、口癖にしたいぐらい大切な言葉です。これらも、**高い目標に楽観的に挑戦している姿を見せるからこそ、説得力がある**のです。

人はだれでも、信頼と尊敬ができる上司がそばにいた方が力が発揮できます。いわゆる「メンター」が近くにいれば、自分の力を何倍も発揮できるのです。だから、教師もメンターになるよう努力する必要があるのです。

38

熱心な教師ほど、子どもを過去の延長線上に縛ってしまう

≫「今までも荒れていたから、今年も荒れるだろう」

ある荒れた子がいました。

1年生の入学直後から荒れが始まり、2年生の終わりになっても荒れは続きました。どう対応したらよいのか、職員会議が何度ももたれました。授業中に教師の指示に反抗し、大声を出して暴れ、教室を飛び出すので、授業が中断してしまうからです。教師が対応している間に他の子どもたちも騒がしくなり、収拾がつかなくなるのでした。もともと元気な子が多い学年なので、一人の荒れが、他の子に波及してしまったのです。

加配の教員が教室に常駐するようになっても、状況は一向に変わりませんでした。授業中に反抗し、立ち歩き、気に入らないことがあるとものを投げ、教室を飛び出すのです。

そこで3年生では、ベテランで、子ども理解に定評のある教師が受けもつことになりました。保護者からも人気のある、だれもが認める優しい教員でした。

4月の学級開きから、子どもの理解に努めました。子どもの立場で考え、子どもの気持ちに寄り添っていました。放課後になると、何度もその子と二人で話し合っていました。

「あの子は、荒れちゃう子なのよ」

「あの子は愛情を求めているのよ」

放課後になると、口癖のようにその教師は言うのでした。

さて、現状は変わったでしょうか。

答えは残酷なものでした。行動は何も変化しなかったのです。

やはり授業中に反抗し、立ち歩き、気に入らないことがあるとものを投げ、教室を飛び出すのでした。しかも、前の年よりも悪化してしまいました。

別の事例でも考えてみます。荒れた高学年での話です。

荒れの中心だった子を受けもった担任は、口癖のように言っていました。

「あの子は、これまでも荒れ続けていた。だから今年も荒れるだろう」

その言葉通り、その年も荒れてしまいました。授業中に立ち歩き、暴言を吐き、注意されると教室を飛びだしていくのです。


さて、この2つとは反対の事例があります。

先の例と同じく、毎年荒れている子を担任した教師がいました。

この教師は、学級を受けもつ前に、他の教師からある言葉を聞きました。

「あの子は本当はすばらしい才能がある」

「低学年に優しくしているのを見たよ。あの子は本当はやさしい心をもっている」

「あの子は影で奉仕作業を一生懸命していた」

この言葉は、担任への励ましの意味の言葉でした。荒れた子を受けもつことになり、悩んでいる担任を見かねて、かけた言葉だったのです。

ところが、それを聞いた担任は、**「本当にあの子はすばらしいのだ。一年でがんばるようになるに違いない」と思い込みました。**

すると、本当に一年も経たないうちに、別人のようにがんばるようになったのです。荒れはウソのように収まり、授業を真面目に受け、がんばるようになったのです。

≫ よいレッテルを貼る

ここまでで見てきた例は、学校現場ではよくある話です。

教師は、子どもを理解しようとしています。熱心な教師ほど、子どもをより正確に理解しようとします。

正確に理解するために、「過去」を調べ、「現在」の子どもの状況を捉えようとします。

実は、ここに問題の中核があります。

子どもの過去を基に子どもを理解しようとすればするほど、その子を「過去の延長線上の現在」に縛ってしまうのです。

言い換えると、

「過去に荒れていたから、今も荒れた行動をとるのだろう（これからもとるだろう）」

という認識が固定化し、**本当はよい行動をしていても、過去の延長線上に合致しないその行動が見えなくなってしまう**のです。

荒れた子を受けもったとき、こんなふうに考える教師はなかなかいません。

「ひょっとするとこの子はノーベル賞をもらうほど立派な大人になるかもしれない」

「ひょっとするとこの子は教師である自分より立派な大人になるかもしれない」

これは、過去の延長線上にある現在から、未来まで見てしまっているためです。

これまで荒れていた子だから、「今も」「これからも」、荒れると考えてしまう。そうではなく、**その子が最大限成長したと仮定した未来に目を向けるべき**です。レッテルを貼るなら、未来の成長した姿で、よいレッテルを貼るべきなのです。

そもそも教師は、未来がどうなっているかを見通すことはなかなかできないのです。未来には、社会も世界も変わっているかもしれません。そんな中でだれが活躍するかを見通すのは困難です。

教師自身が「自分には未来を見通せる力はない。だから、勉強して少しでも未来のことを理解しよう、自分も成長しよう」と思っていないといけないのです（未来を見通せる力のない教師が、「君はこんな進路を目指すといいよね」という進路指導をするのは、本当はおこがましい話なのです）。

評価するときは、あくまで、「現状に過ぎない」ことをわかったうえで評価すべきです。

例えば、通知表の所見で、どうしてもダメなことを指摘するときは、「ここが弱いです」と断定するのではなく、「今後ここをこうすれば、すばらしい力がつくはずです」と未来志向で書くべきなのです。

また、**子どもの一面的な評価を避けるために、他の教師にもその子を評価してもらうべき**です。どんな人にもバイアスはあるので、同じ子どもの評価が教師によってまったく違うというのはよくあることです。

「あの子はすごくがんばってるよ、校庭の落ち葉の掃除を毎日してくれているんだよ」

他の教師だからこそ見えることがあるのです。もし荒れた子を担任することになったなら、**その子のよいところを他の教師に聞いてから、学級開きを迎えたらよい**のです。きっと自分では気づかなかったよさを知り、よりよい出会いができるはずです。

また、子どもが自分に自信をもち、大きな目標に挑戦するようになると、まわりから、「自信過剰になっている」とか「自分の力を過信して調子に乗っている」などと批判が出ることがあります。しかし、**前向きな自己評価をしている状態は、たとえ勘違いであっても歓迎すべき**です。勘違いから始まったとしても、続けた末に本当の実力をつけ、勘違いが現実になることが多々あるからです。

39 力のある教師は、「遅効性の肥料」を多用している

》 3種類の肥料

農業で使用する肥料には、効き方から見た3つの分類があります。

「速効性」「遅効性」「緩効性」の3つです。

「速効性」の肥料は、施すとすぐに効果が現れます。開花期や最盛期などの期間に追肥する場合に使います。

「遅効性」の肥料は、施してから、しばらく時間が経って効果が現れます。

「緩効性」の肥料は、ゆっくりと効き続け、ある程度効果が持続します。元肥として利用されることが多く、最も利用されるタイプと言えます。

学級経営の手立ても、農業の肥料と同じように「効き方の分類」ができます。

一番使われるのは、「緩効性」の手立てです。具体的には、子どものがんばりを認め、子どもを勇気づけていく手立てです。子どものがんばりを認めるシステムをつくることや、前向きな雰囲気に導くシステムをつくることもこれに相当します。

「速効性」の手立てもよく使われます。イベントや目標達成に向けて集中的にがんばるときに、激励したり、ほめたりすることです。何かを達成したお祝いにお楽しみ会をすれば、一時的に士気を高めることができます。また、水泳の目標達成のために、夏の１か月、進歩を把握しながら助言を繰り返し、集中的に取り組ませることもあるでしょう。

ところが、忘れがちなのが、「遅効性」の手立てです。

例えば、子どもへの感謝の気持ちを連絡帳に書いて保護者に伝えることは、すぐに効果を発揮しません。多くの場合、受け取った保護者が「先生はよく我が子を見てくれているな」と思ってくれるだけです。子どもへの影響はほとんどないように見えます。

夏休みに、子どもに手紙を出すのも同じです。１学期のよいところを書いて、暑中見舞いとして手紙を出します。これもすぐには効果を発揮しません。手紙を見た子どもや保護者が、「先生から手紙が来たな」と思うぐらいです。

ただ、この「遅効性」の手立てが、じわじわと教師と子どもや保護者との信頼関係の構築に効果を発揮してくるのです。言ってみれば、**ボディブローのようにだんだん効いてくる**わけです。

例えば、ふとした瞬間に過去の連絡帳を見た保護者が「そういえば、今年の先生は熱意があるんだよな。子どもにもがんばるように言っておこうか」と思うかもしれません。

また、しばらく時が経って棚から出てきた暑中見舞いの手紙を見て、自分のよいところを再確認し、「先生の期待に応えるようにがんばろう」と思うかもしれません。

実は、学級経営がうまくいっていない教師がやっていないのが、この「遅効性」の手立てなのです。

最初から、この手立てを経営の手段として意識できていないのです。

≫「遅効性」の手立てを意図的に打っていく

例えば、価値観と目標を共有するために、次のことを話し合います。

「この学級でみんなが成長し、充実した生活を送ることができるよう、大切にしたい行動を考えましょう」

テーマを決めて、子どもたちに話し合わせてみるのです。

子どもたちは、そういうことを考えたことがないですから、意見はあまり出ません。

また、出たとしても、「みんなと仲良くしよう」とか「毎日がんばろう」とか、ありきたりな意見が出て終わりです。結論は出ませんし、それぞれがバラバラの考えを言って、話し合いが終わるわけです。

こんなことなら、教師が「これまでの自分より、ほんの少しだけ努力しなさい」と語った方が何倍も効果が発揮されそうです。

しかし、話し合いの意味はあるのです。

バラバラな意見で終わっても、結論が出なくてもよいのです。考えたこと自体、友だちの意見を聞くこと自体に意味があったのです。

結論が出なかったので、今後も考え続けるはずです。

「自分はこの学級でどう過ごしたいのか、どう過ごせばいいのか」

一人ひとりがこの学級の一員で、その行動によって一年後の姿が変わるのだ、ということが意識されたのです。

劇的に何か効果が出るのではなく、じわじわと子どもの考えに変化を与えたのです。

こういった、後からじわじわ効いてくる手立ても打っていかないといけないのです。例えば、歯磨きをしっかりする、朝ご飯をしっかり食べる、早く寝る、テレビの時間を制限する…といった、規律的な生活習慣をつくるのも同じことです。目に見えるほど劇的に何かが変わるわけではありません。しかし、だんだんと子どもが前向きになり、よりがんばるようになるのです。

読み聞かせやよい本の紹介をするのもよい手立てです。これは読書する習慣をつけるのに必要な手立てですが、それだけではありません。読み聞かせや本の紹介をしている間は、子どもがシーンとなります。教室に落ち着いた雰囲気がつくられるのです。

さらに、知的なムードもつくられます。「先生はいろいろな本を知っていて、たくさん読んでいるな、自分も勉強がんばろう」と思う子もいるのです。

そこだけ見ればほとんど何の影響も及ぼしていないような手立てですが、一年続けてみると、子どもに大きな影響を残していることが少なくないです。

他にも、日記にコメントを書くとき、日記に対する返事に加えて、最近のがんばりをほめるひと言を入れる手立ても有効です。

それ自体は、ものの数秒で書けるちょっとしたことです。しかし、この数秒がじわじわ効いてくるのです。

私は、日記のコメントでがんばりを認め、ほめるときには、その子の自己イメージを高めるよう心がけていました。

そもそもリーダーとは、まわりの人の自己イメージを高める人のことです。

だから、毎日のように自己イメージを高める声かけをするのは教師の大切な仕事の１つなのです。

しかし、効果はすぐには表れません。

何度も何度も続けていくことで、やがて子どもが、「先生の言う『できる自分』が本当の自分なのだ」と考え方を変えるようになるのです。

学級担任は最低でも一年間は、子どもを担任します。

「速効性」「緩効性」の手立ては、ほとんどの教師が自然と用いていますが、「遅効性」の手立てほど後回しになるか、そもそも使われていません。

「遅効性」の手立てを打つのは、それだけ強く意識しないとなかなかできないことなのです。

40

「無意図的な教育」に、教師の人間観と指導力が問われる

≫「無意図的な教育」の効果

学級経営は、意図的・計画的・組織的に進めるものです。教師が活動を用意し、指導する。成果を見取って努力を認め、困ったことがあれば助言する。最後に、振り返りの時間をとる。

このように、教師主導で戦略を練り、戦術を実行し、ＰＤＣＡサイクルを回すのです。ただし、学級経営は、教師の意図的・計画的・組織的な活動だけで成り立っているのではありません。自由に子どもが活動することも含まれます。

子どもは、自由に活動する中で、教師の想像を超えて成長します。だからこそ、**自由に子どもが動ける環境をつくり、子どもに任せることが必要**なのです。

つまり、「意図的な教育（教師の直接的指導）」だけでなく、「無意図的な教育（よい環境づくり）」も学級経営には必要なのです。

優れたリーダーはときどき姿を消します。例えば、ＮＢＡの強豪チームで、タイムアウトのときにわざとコーチが消えることがあります。貴重なタイムアウトで何も指示を出さないばかりか、姿まで消すのです。選手は仕方なく劣勢をどうしたらよいか話し合います。同じような習慣は、世界最強と言われるニュージーランド代表のラグビーチーム、オールブラックスにもあります。このチームでは、週に何度か選手だけで練習を行う仕組みがあります。あえてリーダー不在の時間をつくり、選手だけで取り組むのです。

このように、**優れたリーダーは、あえて自由に任せる時間をとる**のです。

学級経営でも、あえて子どもの自由に任せる場をつくることが大切です。

例えば、学校祭の出し物などを子どもに任せます。ただし、「低学年の子が喜ぶようにする」「安全な出し物にする」「自力で用意できるものでやる」といったルールは決めます。

ある年、ある子が巨大迷路をダンボールでつくることを提案しました。ところが、ダンボールの数が足りないので、反対意見が続出しました。

何日か話し合いをしても決着がつかなかったある日、アイデアを出した子がダンボールを山ほど学校に持ち込みました。「事実で示すしかない」と考えたその子は、ショッピングセンターに行き、大量のダンボールをもらってきて、学校に運び込んだのです。

これで一気に巨大迷路づくりに向けた動きが加速しました。あえて子どもに任せたからこそ、教師の予想を超えるダイナミックな動きがつくられていったのです。


係活動も同様です。「学級を楽しくよりよくするため」という目的と、「1か月以上活動しないとなくなる」「全員最低1つは係に属さないといけない」「立ち上げには人数が最低三人と企画書が必要」などの最低限のルールだけ決め、あとは自由に取り組ませます。

子どもたちは意気揚々と動き始めますが、熱意は人によってバラバラです。情熱があるのはリーダーだけで他の子はまったく仕事をしません。気がつくと1か月経ち、係がなくなることもあります。子どもは「倒産だ」と困った顔をしますが、これも大切な経験です。

新しい係をつくってはつぶれ、3回目でようやく軌道に乗る係もあります。喜びもひとしおです。そのころには、リーダーシップも磨かれています。

「自分一人がんばっても仕方ない。人のやる気も大切にしなくてはならない」

こういうことは教師が教えただけで理解できるものではありません。**自由な係活動のシステム、自由度の高い活動の中で、偶発的に学んでいく**のです。

自由度の高い学習の場をつくることができるかどうかは、**教師の人間観**に左右されます。

「人は本来怠け者だから、外から何か働きかけないと動かない」という人間観をもっていたら、子どもに任せようと思えず、「アメとムチ」で動かそうとします。

一方、「人は知的好奇心や充実感を満たすために自分から動くものだ」という人間観をもっている教師は、子どもが自分から進んで動くことを信じられるのです。

また、**指導力に自信がない教師ほど、子どもを自身のコントロール下から手放せません。**

最低限の環境だけつくり、あとは自由に子どもに任せることが無意図的な教育なのです。

【参考文献】

・『THE CULTURE CODE　カルチャーコード　最強チームをつくる方法』ダニエル・コイル（著）、楠木建（監訳）、桜田直美（訳）、かんき出版、2018

41 荒れた学級ほど、「先頭集団」を育てる意識が必要

前向きな人が一人いれば

前向きな子が数人いるだけで、集団全体も前向きになることがあります。

このことを確かめた有名な試みに、「腐ったリンゴの実験」があります。オーストラリアのサウスウェールズ大学で組織行動学を研究するウィル・フェルプスが行った実験です。

フェルプスは、チームに悪影響を及ぼすタイプには、「攻撃的・反抗的な人」「怠ける人」「愚痴や文句を言う人」の３つのタイプがあるとしました。そして、この３つのタイプのどれかを演じる人をグループのプロジェクトに送り込みます。すると、必ずグループの成果は低下するのです。一人の後ろ向きな態度に、全員のやる気が削がれたのです。

ところが、例外がありました。それは、チームに一人の前向きな人がいた場合です。前

向きな人が一人いるだけで、チームはやる気を失わず、成果を高めることができたのです。しかも前向きな人は、特別なことは何もしませんでした。ただ笑顔だったり、相手に質問して発言を促したり、話を聞いたりと、普通のことをしただけです。しかし、その態度が他のメンバーに与える影響は大きく、目標に向かって１つに結束できたのです。

みなさんも経験したことがないでしょうか。笑顔の人、話をちゃんと聞く人、感謝してくれる人、そんな人がいると、とても安心して集団がまとまることを。**前向きな人がいると、後ろ向きな人がいても、全体としては前向きになれる**のです。

我々教師は、後ろ向きな態度を正すことには力を注ぎます。学級のダメなところほどよく見え、何とかしたいと思うからです。

一方で、前向きな態度の子どもを増やすことは忘れがちです。これは言ってみれば、**先頭を走ってくれる子、教師と一緒に先に行動をしてくれる子を増やすこと**です。そのことにも力を注がないといけないのです。

〉〉先頭集団を育てる

荒れた学級ほど、まわりに先んじてよい行動をとるのは難しくなります。まわりが足を引っ張るからです。

最初に動いてくれるのは数人しかいませんが、その数人に注目して大切にしたいのです。

荒れた学級には、攻撃的な子、愚痴を言う子、文句を言う子がたくさんいます。何かにつけてマイナスな発言をするわけです。「次は算数の時間だよ」と言っただけで「え〜、イヤだな」「めんどくさい」などといちいち口に出します。

マイナス発言が出た場合は、まずは教師が注意しないといけません。

「マイナス発言をすると、自分もやる気がなくなるし、人のやる気も奪いますよ」

このように、理由も伝えながら注意します。

しかし、それでもマイナス発言は続くはずです。もはや習慣になっているからです。

しかし、何度か意味を説明したら、マイナス発言にはあえて注目せず、かわりに、がんばっている子どもの姿を注視します。

多くの子が「めんどくさい」と言っていた算数に前向きに取り組んでいる姿を捉え、その努力を認めるのです。

これまでは、子どもも教師もマイナス発言の方に意識が集中していましたが、**がんばりを取り上げたことで、今度はそちらの方に意識が集中し始める**のです。

こうして、その子に影響を受け、「自分もがんばろう」と思える子が、一人また一人と少しずつ増えていきます。

掃除なども同じです。やろうとしない子に指導しながらも、一方で先頭集団に注目し、ほめるのです。

そうしているうちに、一人また一人と先頭集団に加わってくるのです。

先頭集団が育つことで、学級全体が前向きになっていくのです。

【参考文献】

・「How, When, and Why Bad Apples Spoil the Barrel:Negative Group Members and Dysfunctional Groups」Will Felps, Terence Mitchell, Eliza Byington（2006）, 『Research in Organizational Behavior』27, pp. 175-222
・『THE CULTURE CODE　カルチャーコード　最強チームをつくる方法』ダニエル・コイル（著）、楠木建（監訳）、桜田直美（訳）、かんき出版、2018

42

「術」を身につけるだけでは、学級経営を俯瞰的に捉えることはできない

≫ 若い教師は「術」を知ることで手一杯になっている

ある新卒教師が、授業中のおしゃべりがなくならないことを悩んでいました。悩み続けて一年。結局、おしゃべりはなくなりませんでした。

次の年から、おしゃべりをなくそうと、様々な方法を調べました。「厳しく注意する」「私語をした子には罰を与える」こうして私語はだんだんなくなっていきました。

さらに数年が経ち、その教師は気づきました。「おしゃべりをなくすためにおしゃべりをなくす方法を実践するのは間違っていた」と。

同時に、「授業がおもしろくなれば、私語は自然となくなる」ことに気づいたのです。

つまり、**努力の方向性が誤っていたことに気がついた**のです。

このように「努力の方向性を誤る」ことは、教育現場ではよくあることです。

では、なぜ方向性を誤ってしまうのでしょうか。

それは、**物事を俯瞰的に捉えることができていないから**です。

若いころは、学級経営の一つひとつの方法を知り、それを実践することで精いっぱいです。様々な方法を学んでは、実践することを繰り返す日々です。

このときは、自分の実践全体を俯瞰的に捉えることはできていません。

ところが、一定の知識が蓄積されると、あるとき突然、「わかった！」という瞬間が訪れます。**一つひとつの方法やその意味だけでなく、それらの関係や、どんなときにどんな方法を使用すればよいのかがわかった**のです。

これが、俯瞰的に捉えることができた状態です。いわば、視点が一段上がり、１つ上の抽象度で物事を見ることができるようになったのです。

「戦術」だけでなく、「戦略」を身につけたとも言えます。

学級経営を俯瞰的に捉えられるようになるために

前著『本当は大切だけど、誰も教えてくれない　教師の仕事　40のこと』の、第１章

（p14）で「学級経営とは何をどうすることか」について、次の3つを示しました。

①学級経営の中身
②学級マネジメントの方法
③学級経営の筋道

この3つを習得することで、学級経営を俯瞰的に捉えることができるようになります。**学級経営の全体構造を理解することができるから**です。

すると、様々な方法を、いつ、どんな場で、どんなふうに使えばよいのかもわかるようになります。全体を俯瞰して次の指導を決めることができる状態になるからです。

本書でここまでに紹介した内容は、学級経営を俯瞰的に捉えるための視点であるとも言えます。

俯瞰的に捉えられるようになるためには、①〜③に含まれる、多くの知識の習得が必要です。

様々な方法を知り、実践を繰り返す中で、知識を蓄えていくのです。

》「守・破・離」の修業法

さて、ここでもう1つ、教師のマインドセットで大切なことを述べます。

本書の背景にある原理の1つとして、「知らないことは見えない。重要でないことも見えない」というものがあります。

「知らないことが見えない」のはある意味当たり前のことです。注目してほしいのは、「（自分にとって）重要でないことは見えない」という点です。**その人が重要でないと思い込んでいる情報は意識に上がらず、認識できない**ということです。

つまり、ある狭い教育理論や方法のみを重視している教師は、それらに合致しないものは認識できなくなる（無視してしまう）のです。

俯瞰で捉えることができるようになるためには、この「盲点」をなくさなくてはいけません。

それにはよい方法があります。

武道や茶道の世界で古来より伝わる**「守・破・離」の修業法**です。

「守」の段階では、自分がよいと思える理論や方法を徹底して学びます。「徹底して」です。何冊も本を読み、実践を重ねるのです。これで、**1つの「型」を身につけたことになります。**

しかし、ここで終わってはいけません。「守」で終わるから、盲点が発生するのです。「守」の段階で学んだ型と比較しながら、他の教育理論・方法を学びます。これが「破」の段階です。自分の中に型があるから、他の教育理論・方法を学びやすくなります。そして、自分に合った型も見つかり、試すことができるようになります。つまり「守」の段階の型を「破」るようになるのです。

やがて、「離」の段階に入ります。さらに様々な教育理論・方法を学び、知識を増やしていきます。すると、新しいやり方をつけ加えることができるようになります。新しい価値を、「破」の段階で会得していた教育理論・実践につけ加えることが可能になるのです。こうして、新しい理論や方法が生まれてくるのです。

ここで大切なのは、**「守・破・離」のどの段階でも、多くの知識を習得し続けている**ということです。多くの知識を習得することで、やがて一段上の視点を得る瞬間が来るのです。様々な個々の教育理論・方法がつながって、意味がわかる瞬間です。俯瞰的に捉えることができるようになったのです。

学級経営をより充実させるには、**「守・破・離」の順序で学びながら、盲点をなくし、俯瞰の目を手に入れていくことが必要**なのです。

ちなみに、「本当は大切だけど、誰も教えてくれない」ことがなぜ発生するのかも、これでわかります。

「俯瞰的な視点を与える内容を伝えられても、多くの知識がないと理解できない」からです。知識を学ぶことなしに、「俯瞰的な視点を与える重要な知識」を与えられても、きちんと理解できないのです。

また、もう1つの理由は、盲点ができているからです。要するに、本当は誰かが教えてくれているのに、「(自分にとって)重要でない」ために、無意識のうちに無視してしまっているか、意識に上がってこないのです。

こういったことは、どの職業の世界でも発生しているのです。

その他の参考文献一覧

『本当は大切だけど、誰も教えてくれない　教師の仕事　40のこと』大前暁政、明治図書、2020
『子どもを自立へ導く学級経営ピラミッド』大前暁政、明治図書、2015
『プロ教師直伝！　授業成功のゴールデンルール』大前暁政、明治図書、2013
『WHYでわかる！　HOWでできる！　理科の授業Q&A』大前暁政、明治図書、2020
『先生のためのセルフコーチング　自分への問い方次第で教師人生は変わる！』大前暁政、明治図書、2018
『夢をかなえる方程式』苫米地英人、フォレスト出版、2011
『科学が教える、子育て成功への道』キャシー・ハーシュ＝パセック、ロバータ・ミシュニック・ゴリンコフ（著）、今井むつみ、市川力（訳）、扶桑社、2017
『子どもの教育』A・アドラー（著）、岸見一郎（訳）、一光社、1998
『愛着障害・愛着の問題を抱えるこどもをどう理解し、どう支援するか?』米澤好史、福村出版、2019
『アドラー心理学を語る4　勇気づけの方法』野田俊作、創元社、2017
『自主経営組織のはじめ方　現場で決めるチームをつくる』アストリッド・フェルメール、ベン・ウェンティング（著）、嘉村賢州（訳）、吉原史郎（訳）、ヨス・デ・ブロック（序文）、英治出版、2020
『子どもから始まる新しい教育』マリア・モンテッソーリ（著）、AMI友の会NIPPON（監修、翻訳）、風鳴舎、2017

おわりに

学制以来150年の学校教育で、様々な学級経営（授業も含む）の実践が生まれました。

それら学級経営の系統性を抽出し、筋道としてまとめたのが、本書の冒頭で示した「学級経営ピラミッド」です。

およそすべての実践は、この「学級経営ピラミッド」のどこかの段階に入ります。

躾やルールの指導なら、ピラミッドの土台「安心・安全」に入ります。

人に貢献する気持ちや、まわりの人を大切にする感覚（共同体感覚）を育てる指導は、「協力・所属感」に入ります。

大切なのは、ピラミッドのどこに入るのかという「俯瞰の目」を得ることです。

「今の学級はこの段階だから、この段階の実践を行うことにしよう」

このように、適切な実践を選択するには、どうしても、学級経営の筋道を俯瞰で見ておく必要があるのです。

学級経営ピラミッドのちょうど半分の位置に注目してください。

半分から下の指導は、教師の「ティーチング」の要素が強くなります。教師が前面に出て指導し、子どもを引っ張っていく要素が強いわけです。

半分から上の指導は、教師の「コーチング」の要素が強くなります。教師は子どもの後ろから、そっと手助けをする要素が強くなるわけです。

学級によっては、去年までの担任の努力によって、ピラミッドの半分程度まで育っていることがあります。その場合、ピラミッドの半分より上の指導から始めることができます。

ところが、去年の学級経営が失敗し、荒れている学級を受けもつこともあります。

荒れている学級の場合、ピラミッドの「欄外」であることも珍しくありません。土台すら築かれていない状態なのです。

その場合は、土台を築くことに時間がかかります。半年、一年とかかるかもしれません。

どちらの場合も、4月の「スタート地点」から、ピラミッドの上に向かって進んでいれば、学級経営は成功したということです。

これも、ピラミッドという筋道で見るから、学級の成長を判断できるのです。ピラミッドの概念を知らなければ、「学級の現状の段階」も、「どこに向かって学級を成長させていけばよいか」も、「一年後にどの程度学級が成長したのか」も、わかりません。

さて、時代によって学級経営の強調点が変わることも、意識しておくべきことの1つです。

例えば、「校内暴力」が吹き荒れていたころや、「学級崩壊」「小1プロブレム」が全国に広がったころには、ピラミッドの土台の指導が強調され、推進されました。子ども中心主義が広まったころ（1つの時代だけではない）には、ピラミッドの半分から上の部分が強調されました。

このように、時代によって強調され、推進された教育施策は異なったわけです。現場の教師は、そのたびに、何を実践すればよいのか迷うこともありました。

重要なのは、「土台から順番に築かないと学級経営はうまくいかない」ということです。土台を築かずして、ピラミッドの上を築こうとして失敗した学級経営や学校経営を、いくつも目の当たりにしてきました。学級経営や学校経営の成功事例は報告されますが、失敗事例はあまり報告されません。しかし、私たち教師は、失敗事例からも学ばなくてはなりません。つまり、現場の一人ひとりの担任が、今の学級の状態を正確に把握し、そして次の手立てに適切な方法を選ぶことこそが大切なのです。

本書を執筆するにあたり、明治図書出版の矢口郁雄様には、多くのご支援をいただきました。問題提起のあるテーマを生み出すためのご支援に、記して感謝申し上げます。

2020年12月

大前　暁政

【著者紹介】

大前　暁政（おおまえ　あきまさ）

岡山大学大学院教育学研究科修了後，公立小学校教諭を経て，2013年４月京都文教大学准教授に就任。教員養成課程において，教育方法論や理科などの教職科目を担当。「どの子も可能性をもっており，その可能性を引き出し伸ばすことが教師の仕事」ととらえ，現場と連携し新しい教育を生み出す研究を行っている。文部科学省委託体力アッププロジェクト委員，教育委員会要請の理科教育課程編成委員などを歴任。理科授業研究で「ソニー子ども科学教育プログラム」入賞。

〈著書〉

『本当は大切だけど，誰も教えてくれない　教師の仕事　40のこと』『１ミリの変化が指導を変える！　学級＆授業づくり成功のコツ』『先生のためのセルフコーチング　自分への問い方次第で教師人生は変わる！』（以上明治図書），『必ず成功する！　授業づくりスタートダッシュ』（学陽書房），『仕事の成果を何倍にも高める　教師のノート術』（黎明書房），『忙しい毎日を劇的に変える仕事術』（学事出版）など多数。

本当は大切だけど、誰も教えてくれない
学級経営　42のこと

2021年１月初版第１刷刊　©著　者　大　前　暁　政
発行者　藤　原　光　政
発行所　明治図書出版株式会社
http://www.meijitosho.co.jp
（企画）矢口郁雄（校正）大内奈々子
〒114-0023　東京都北区滝野川7-46-1
振替00160-5-151318　電話03（5907）6701
ご注文窓口　電話03（5907）6668

＊検印省略　組版所　株　式　会　社　カ　シ　ヨ

Printed in Japan　ISBN978-4-18-315426-2